JN045541

関係者間取引の法務と税務

［編著］
タックス・ロー合同研究会
［著］
土森　俊秀
角田　智美
秋山　高善
永竿　敬子
滝口　利子
鈴木　修

清文社

はしがき

　コロナ禍の影響により、業績が低下した会社が多くみられる中で、その対処として会社・役員間や親子・関係会社間で運転資金の調達のための金銭の貸借や贈与、そして債権債務の整理等のための経営支援の動きがみられます。また、遊休資産の有効活用等のために資産の譲渡や貸付けなども、その一手段となりますが、親子・関係会社間であれば迅速に実行に移すことができます。

　もちろん、それらはすべて契約を前提として取引が行われ、原則として、その取引の実態に基づいて課税が行われることになります。

　本書は、中小・同族会社だからこそ実行できる会社・役員間の取引と親子・関係会社間の取引に焦点を当て、それらを総称して「関係者間取引」と呼び、その関係者間取引における法律上の取扱いと税法上の取扱いについて解説したものです。

　とかく、中小・同族会社は、内部牽制の弱さを指摘されますが、そのために生じがちな関係者間の取引におけるトラブルを防止するためには、法務と税務の両面からの確認が求められます。

　本書では、まず、法律上の問題としては、関係者間で取引をする場合の留意点について解説しています。また、令和2（2020）年4月に施行された債権法の改正が賃貸借契約や売買契約に与える影響について解説しています。

　次に、税法上の取扱いとしては、不動産に係る貸借や譲渡、非上場株式の譲渡、役務提供、金銭及び債権債務の譲渡等に関する取扱いについて解説しています。

　このように本書では、関係者間における取引の法務面と税務面を包括的に確認できるようになっています。

　本書の特徴は以下のとおりです。

①　関係者間取引を行う際に、法律上注意すべき利益相反取引や競業取引について確認できる。

② 関係者間取引に関して、民法の債権法改正をフォローできる。

③ 関係者間取引に関して、よくある取引形態ごとに税務上の取扱いが確認できる。

④ 根拠規定を示しているので、本書を読んだ上で規定の確認ができる。

本書は、タックス・ロー合同研究会のメンバーで執筆しました。タックス・ロー合同研究会は、平成28（2016）年9月より東京弁護士会「中小企業支援センター」と東京税理士会「日本税務会計学会法律部門」とにより連携して創設された合同研究会です。弁護士と税理士が一緒に問題を研究することで、法律上・実務上の問題を共有し深く研究することによって、相互研鑽を図ることを狙いとしています。

最後に、本書を手に取って頂いた専門家や中小企業の経営者等の皆様にとって、本書が実務の一助となれば幸甚です。

令和4（2023）年12月

著者一同

目次

第3章 非上場株式の譲渡 　　　　132

Ⅰ はじめに～本章の概要 　　　　132

Ⅱ 非上場株式を譲渡した場合の課税方法 　　　　133

Ⅲ 非上場株式を譲り受けた場合の課税関係 　　　　137

Ⅳ 非上場株式の時価 　　　　138

凡　例

　本書では、括弧内などで次の略称を用いています。

＜法令等＞

法人法	一般社団法人及び一般財団法人に関する法律
通則法	国税通則法
法法	法人税法
法令	法人税法施行令
法規	法人税法施行規則
法基通	法人税基本通達
所法	所得税法
所令	所得税法施行令
所基通	所得税基本通達
相法	相続税法
相令	相続税法施行令
相基通	相続税法基本通達
評基通	財産評価基本通達
相当地代通達	相当の地代を支払っている場合等の借地権等についての相続税及び贈与税の取扱いについて
負担付贈与通達	負担付贈与又は対価を伴う取引により取得した土地等及び家屋等に係る評価並びに相続税法第7条及び第9条の規定の適用について
消法	消費税法
消令	消費税法施行令
消基通	消費税法基本通達
印法	印紙税法
印令	印紙税法施行令
印基通	印紙税法基本通達
措法	租税特別措置法
措通	租税特別措置法関係通達

＜判例集等＞

民録	大審院民事判決録
高民集	高等裁判所民事判例集
民集	最高裁判所民事判例集

東高民時報	東京高等裁判所民事判決時報
判時	判例時報
判タ	判例タイムズ
金法	金融法務事情
TAINS	日税連税法データベース

＊本書の内容は、令和4（2022）年12月1日現在の法令等に基づいています。

第1部

関係者間取引の法務

第1章 利益相反取引・競業取引の留意点

Ⅰ はじめに

　関係者間取引で法務上、最も問題となるのが利益相反取引と競業取引である。本章では、利益相反取引規制・競業取引規制の概要について説明した後、役員・法人間及び親子会社等の関係会社間の取引で問題となる取引について、ケースを示して場合分けをして説明する。なお、説明の単純化のために、株式会社のうち指名委員会等設置会社、監査等委員会設置会社は対象外とする。

　本章のポイントを纏めると下記のとおりである。

　株式会社、持分会社及び一般社団法人・一般財団法人（以下、これらを併せて「法人」と総称する）において、法人の業務執行の意思決定に関与する役員（取締役、業務執行社員及び理事がこれに該当し、以下「取締役等」と総称する）が、①自己又は第三者のために法人と取引を行う場合や、②取締役等の個人債務を法人が保証する場合など取締役等と法人の利益が相反する取引を行う場合には、利益相反取引規制が及び、法人の承認が必要となる。

　また、取締役等が、法人の事業と競合する取引を行う場合には、競業取引規制が及び、やはり法人の承認が必要となる。

　利益相反取引・競業取引を承認する法人の決議において、法人の承認機関が取締役会又は理事会の場合には、当該取引を行おうとする取締役等は特別利害関係人として議決に参加できない。

　なお、グループ会社経営などの場合には、親会社の取締役等が子会社の取締役等を兼任することがよくあるが、このような場合にも、原則として、完全親子会社である場合を除き利益相反取引規制・競業取

引規制が及びうる。そのため、ケース毎に各会社における承認の要否を理解しておく必要がある。

Ⅱ 利益相反取引規制・競業取引規制の概要

●1 利益相反取引規制

1 利益相反取引規制の趣旨

　法人の業務執行の意思決定に関与する役員、すなわち、株式会社であれば取締役、持分会社（合資会社及び合名会社）であれば業務執行社員、一般社団法人・一般財団法人であれば理事（なお、持分会社の業務執行社員は厳密には役員ではないが、ここでは取締役及び理事とともに一括りとして扱うものとする。本章において、取締役、業務執行社員及び理事を併せて「取締役等」という）は、①自己又は第三者のために法人と取引をしようとするとき、及び、②法人が取締役等の債務を保証することその他取締役等以外の者との間において法人と当該取締役等との利益が相反する取引をしようとするときは、法人の承認機関の承認を要することとされている（法令の条文番号については、次頁の表1を参照）。これは、次のような趣旨に基づくものである。

　取締役等は、善良なる管理者の注意をもってその職務を行う義務（善管注意義務）を負っているほか、法人のため忠実にその職務を行わなければならない義務（忠実義務）を負っている。したがって、取締役等は、自己又は第三者の利益を図るために法人の利益を犠牲にすることは許されない。

　そして、①取締役等が、直接法人と取引を行う場合又は第三者を代理若しくは代表して法人と取引を行う場合（これを「直接取引」という）や、②法人と取締役等以外の者との取引であっても、取締役等の個人債務を法人が保証する場合（これを「間接取引」という）など、取締役等と法人の利益が相反する場合には、取締役等がその地位を利用し、法人の利益を犠牲にして自己又は第三者の利益を図る危険性がある。

　そこで、上記①（直接取引）及び上記②（間接取引）のような取引

表1 ●株式会社、持分会社、一般社団法人・一般財団法人の利益相反取引・競業取引についての条文番号の一覧表

		株式会社		持分会社	一般社団法人		一般財団法人
		取締役会設置会社	取締役会非設置会社		理事会設置一般社団法人	理事会非設置一般社団法人	
善管注意義務		会社法330・民法644		会社法593①	法人法64・民法644		法人法172・民法644
忠実義務		会社法355		会社法593②	法人法83		法人法197・83
競業取引	承認	会社法356①一、365①	会社法356①一	会社法594①一	法人法84①一、92①	法人法84①一	法人法197・84①一
	報告	会社法365②	–	–	法人法92②	–	法人法197・92②
	同種事業の会社への取締役等就任	–		会社法594①二	–		–
	損害額の推定	会社法423②		会社法594②	法人法111②		法人法198・111②
利益相反取引	承認 直接取引	会社法356①二、365①	会社法356①二	会社法595①一	法人法84①二、92①	法人法84①二	法人法197・84①二
	承認 間接取引	会社法356①三、365①	会社法356①三	会社法595①二	法人法84①三、92①	法人法84①三	法人法197・84①三
	報告	会社法365②		–	法人法92②		法人法197・92②
	民法108条の適用除外	会社法356②		会社法595②	法人法84②		法人法197・84②
	任務懈怠の推定	会社法423③		–	法人法111③		法人法198・111③
	直接取引の無過失責任	会社法428①		–	法人法116①		法人法198・116①
	責任一部免除の適用除外	会社法428②		–	法人法116②		法人法198・116②

（①、②を併せて「利益相反取引」という）を行う場合には、取締役等が法人の利益の犠牲において自己又は第三者の利益を図ることを防止する趣旨で、原則として、当該取引につきあらかじめ法人の承認を要するとしたものである。

なお、上記利益相反取引規制は、取締役等が法人の利益を犠牲にして自己又は第三者の利益を図る危険性に鑑み、予防の観点から形式的に設けられたものであり、利益相反取引規制に該当しない取引であっても、法人を代表する取締役等が法人の利益を犠牲にして相手方の利益を図る行為をすれば、忠実義務違反の責任が生じることに留意が

必要である[*1]。

＊1　江頭憲治郎『株式会社法［第 8 版］』459 頁（有斐閣）

❷ 利益相反取引規制の対象となる役員の範囲

(1) 株式会社の場合

　株式会社においては、取締役が利益相反取引規制の対象となる（会社法 356 ① 二・三）。代表取締役や業務執行取締役（会社法 363 ① 二）だけに限らず、すべての取締役が対象となる。なお、退任取締役は原則対象とならないが、任期満了又は辞任により退任したことで会社法又は定款で定めた取締役の員数が欠けた場合には、当該退任取締役は新たに選任された取締役が就任するまでなお取締役としての権利義務を有するため（会社法 346 ①）、新たな取締役の就任まで引き続き利益相反取引規制の対象となる。

　役員であっても、監査役及び会計参与は対象とはならない。

(2) 持分会社の場合

　持分会社においては、業務を執行する社員（業務執行社員）が利益相反取引規制の対象となる（会社法 595 ①）。業務執行社員には、定款に別段の定めがある場合を除き、全ての社員がなる（会社法 590 ①）。ここでの社員は、無限責任社員であるか有限責任社員であるかを問わない[*2]。定款で業務執行社員を定めた場合には、その者が業務執行社員となる（会社法 590 ①）。

＊2　相澤哲編著『立案担当者による新・会社法の解説（別冊商事法務 No.295）』
　　　158 頁参照（商事法務）

　なお、法人も業務執行社員となることができるが、この場合、当該法人は、当該業務執行社員の職務を行うべき者（職務執行者）を選任しなければならず（会社法 598 ①）、選任された職務執行者にも利益相反取引規制が適用される（会社法 598 ②・会社法 595 ①）。

(3) 一般社団法人・一般財団法人の場合

　一般社団法人・一般財団法人においては、理事が利益相反取引規制の対象となる（法人法 84 ① 二・三及び同法 197・84 ① 二・三）。代表理事に限らず、すべての理事が対象となる。監事は対象とはならない。

❸ 利益相反取引規制の対象となる取引の範囲

　取締役等の利益相反取引規制は、①取締役等が自己又は第三者のために法人と取引しようとするとき（直接取引）、及び、②法人が取締役等の債務を保証することその他取締役以外の者との間において法人と当該取締役等との利益が相反する取引をしようとするとき（間接取引）に適用される。以下では、株式会社の取締役の場合を前提に説明するが、業務執行社員及び理事の場合も基本的に同様と考えられる（なお、適用される法令の条文番号について前掲表1を参照）。

(1) 直接取引

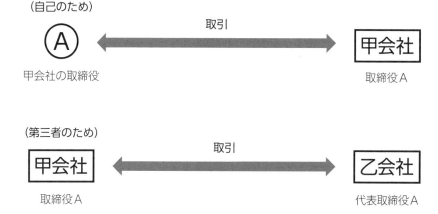

（自己のため）

取引

Ⓐ 　　　　　　　　　　　　　　　 甲会社

甲会社の取締役　　　　　　　　　　　　　　　　　取締役A

（第三者のため）

取引

甲会社 　　　　　　　　　　　　　　　 乙会社

取締役A　　　　　　　　　　　　　　　　　代表取締役A

＊　本章の図において、取引主体（契約当事者）について、個人の場合は丸囲みで、また会社の場合は四角囲みで示している。
　　四角囲みの下に「取締役A」「代表取締役A」と記載されている場合は、当該会社においてAがその役職に就いていることを示すものとする。

　取締役が自己又は第三者のために会社と取引を行うときは、会社の承認を得る必要があるとされており（会社法356①二）、この取引を直接取引という。

① 「自己又は第三者のために」の意義

　「自己又は第三者のために」の意義については、学説上、①「自己又は第三者の名において」と解する説（名義説）と、②「自己又は第三者の計算において」、つまり、行為の経済上の結果が自己又は第三

者に帰属することであると解する説（計算説）とがあり、名義説が多数説とされている。すなわち、「自己又は第三者のために」とは、取締役が、自ら当事者となって、又は、第三者を代理若しくは代表して、との意味と解されている。

② 「取引」の範囲

　利益相反取引規の対象となる取引は、裁量によって会社に不利益を及ぼすおそれのあるすべての財産上の法律行為をいい[*3]、有償行為のみに限られず無償行為も含まれ（大判大 4.10.21・民録 21 輯 1670 頁）、会社が取締役に対する債務を免除するような単独行為も含まれる（大判高判昭 45.8.29・高民集 23 巻 3 号 498 頁）。

[*3]　上柳克郎ほか編『新版注釈会社法（6）』234 頁［本間輝雄］（有斐閣）

　ただし、利益相反取引規制の趣旨から、抽象的にみて会社に損害が生じ得ない取引については承認は不要と解されており[*4]、会社が取締役から無利息・無担保で貸付けを受ける場合のように会社は利益を享受するだけで不利益を受けない取引（最判昭 38.12.6・民集 17 巻 12 号 1664 頁）や、普通取引約款に基づく取引のように契約内容が定型化されており裁量の余地がない場合（東京地判昭 57.2.24・判タ 474 号 138 頁・後掲Ⅳ【参考判例1】参照）には利益相反取引規制は及ばない。

[*4]　前掲[*1]　459 頁

　なお、抽象的には会社に損害が生じ得る取引であっても、具体的取引が金額・条件等の点で公正であれば、利益相反取引規制は及ばないとする見解もあるが[*5]、公正性には場合によっては相当な幅があり得るところ（例えば、非上場株式の株価、不動産の売買価格などは、算定方法によって相当の幅があり得る）、その幅の範囲内で取締役が自己の利益を優先して会社に不利益が生じる可能性がある。したがって、抽象的に会社に損害が生じうるような取引である以上、具体的取引が金額・条件等の点で公正であったとしても、利益相反取引規制が及ぶとするのが妥当である[*6]。

[*5]　北沢正啓『会社法［第 6 版］』423 頁（青林書院）
[*6]　前田雅弘「取締役の自己取引－商法 265 条の適用範囲の再検討」森本滋ほ

か編・龍田節先生還暦記念『企業の健全性確保と取締役の責任』298頁（有斐閣）

(2) 間接取引

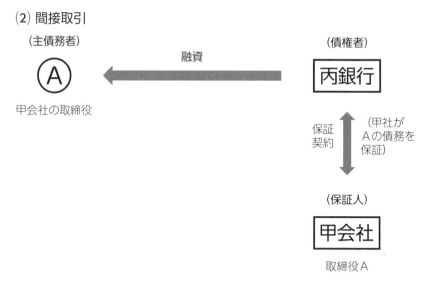

(主債務者)　　　　　　　　　　　　　　　　(債権者)

融資

A

甲会社の取締役

丙銀行

保証
契約

（甲社が
Aの債務を
保証）

(保証人)

甲会社

取締役A

　会社が取締役の債務を保証することその他取締役以外の者との間において会社と当該取締役との利益が相反する取引を行うときは、会社の承認を得る必要があるとされており（会社法356①三）、この取引を間接取引という。

　間接取引については、取締役が利益を得て会社が不利益を被る危険性が類型的に認められる取引を、会社が第三者との間で行うことが規制対象となる。ただ、会社が第三者との間で行う取引によって生じる会社と取締役との利益相反は、程度の大小を問わなければ無限にあり得るため、間接取引として規制されるか否かは、直接取引と同程度の危険性があるか否かが1つの判断基準となると考えられる*7。

*7　落合誠一編『会社法コンメンタール（8）』82頁［北村雅史］（商事法務）

　条文において例示されている、会社が取締役個人の債務を保証する取引は、会社の犠牲において取締役に利益が生ずることが外形的・客観的に明らかであるとされる（最判昭45.3.12・判時591号88頁）。

　また、会社が取締役個人の債務を引き受ける場合（最大判昭

43.12.25・民集 22 巻 13 号 3511 頁）や、取締役個人の債務について会社が担保を提供する場合（東京地判昭 50.9.11・金法 785 号 36 頁）も同様に、会社の犠牲において取締役に利益が生ずることが外形的・客観的に明らかであり、間接取引規制が適用される[8]。

＊8　前掲＊7　82 頁［北村雅史］

４ 利益相反取引の承認

(1) 株式会社の場合

① 承認機関による承認

　取締役が利益相反取引をしようとするときは、①取締役会設置会社においては、取締役会において、当該取引につき重要な事実を開示し、その承認を得る必要あり（会社法 365 ①・356 ①二及び三）、②取締役会非設置会社においては、株主総会において、当該取引につき重要な事実を開示し、その承認（普通決議）を得る必要がある（会社法 356 ①二及び三）。

　承認に当たって開示が求められる「重要な事実」とは、承認すべきか否かを判断するための資料となるものであり、具体的には、取引の種類、目的物、数量、価格、履行期、取引の期間などである。間接取引の場合には、相手方、主債務者の返済能力（保証契約の場合）も含まれる[9]。

＊9　前掲＊7　84 頁［北村雅史］

　利益相反取引の承認は、具体的な個々の取引ごとに個別に行うのが原則であり、会社と特定の取締役との間の一切の利益相反取引についてあらかじめ承認するといった、抽象的・概括的な承認は認められない（大判明 37.6.21・民録 10 輯 956 頁）。ただし、関連会社間取引のように、反復継続される取引について、その種類・数量・限度額・期間等を特定して、合理的な範囲で一定程度包括的に承認を行うことは認められている[10]。

＊10　前掲＊3　247 頁［本間輝雄］

　承認を求めなければならない取締役は、規定の文言上、直接取引においては会社の取引相手方となる取締役、間接取引においては会社を代表して取引を行おうとする取締役と解される[11]（なお、特に間接

取引については、下記②で後述する「特別利害関係人」の議論とは区別する必要がある）。

*11　酒巻俊雄ほか編集代表『逐条解説会社法（第4巻）』435頁［石山卓磨］（有斐閣）

　なお、間接取引において承認を求めるべき取締役は、当該取引について会社と利益相反関係にある取締役とする見解もあるが、重要事実が開示された上で承認がなされた場合には、誰が承認を求め、誰が重要事実を開示したかによって承認の効果が左右されるわけではないと考えられているため*12、上記見解の違いは実務上さほど影響はない。

*12　龍田節『会社法大要』77頁（有斐閣）

② 特別利害関係人への該当性

　取締役会設置会社においては、利益相反取引の承認は取締役会で行うところ、取締役会の決議について特別の利害関係を有する取締役は、議決に加わることができず（会社法369②）、定足数にも算入されない（会社法369①）。さらに、当該取引を承認する決議において取締役会の議長を務めることもできない（東京高判平8.2.8・資料版商事法務151号143頁）。

　ここでの「特別の利害関係」とは、特定の取締役が当該決議について、会社に対する忠実義務を誠実に履行することが定型的に困難と認められる個人的利害関係ないしは会社外の利害関係をいう*13。そして、利益相反取引の承認決議においては、直接取引の場合には会社と取引を行おうとする取締役、間接取引の場合には、会社と利益相反関係にある取締役が、「特別の利害関係」を有する者に該当すると解されている（大阪地判昭57.12.24・判時1091号136頁、東京地判平7.9.20・判時1572号131頁）。

*13　前掲*7　292頁［森本滋］

　他方、取締役会非設置会社においては、利益相反取引の承認は株主総会で行うところ、株主総会の決議について「特別の利害関係」を有する株主は、議決権行使自体は禁止されておらず、議決権を行使したことによって著しく不当な決議がされた場合に限り株主総会決議取消事由となる（会社法831①三）。

③ 事後承認

　利益相反取引を行う場合、承認は事前に受けておく必要があるが（「取引をしようとするとき」（会社法 356 ①二及び三）との文言参照）、事前に承認を得なかった場合に事後承認を認めるかについては見解が分かれている。通説は、事後承認を認めており[14]、会社の承認なく行われた利益相反取引は、後述のとおり、原則として無効（相対的無効）であるが、事後承認は無権代理行為の追認（民法 116）のように、無効の取引をはじめに遡って有効にする効果を有すると解されている[15]（東京高判昭 34.3.30・東高民時報 10 巻 3 号 68 頁）。なお、これに対して、競業取引の場合には、利益相反取引の場合とは異なって、事後承認は認められないとするのが通説である（後記 2 **4** (1)③）。

[14]　大隅健一郎＝今井宏『会社法論（中）［第 3 版］』249 頁（有斐閣）を参照、前掲[1]　461 頁

[15]　前掲[7]　85 頁［北村雅史］

　事後承認がなされた場合の取締役の責任は、基本的には事前に承認を受けた場合（後記**6**(1)②を参照）と同様と考えられるが、事前に承認を受けなかったことが、任務懈怠や過失の有無の判断において、取締役の不利に働くことはあり得ると考えられる。

(2) 持分会社の場合

　持分会社の業務執行社員が利益相反取引をしようとするときは、定款に別段の定めがある場合を除き、利益相反取引をしようとする社員を除いた他の社員の過半数の承認（なお、後述する競業取引の場合には、競業取引をしようとする社員を除いた社員全員の承認）を受けなければならない（会社法 595 ①）。

(3) 一般社団法人・一般財団法人の場合

① 承認機関による承認

　一般社団法人において、理事が利益相反取引をしようとするときは、①理事会設置一般社団法人の場合、理事会において、当該取引につき重要な事実を開示し、その承認を得る必要があり（法人法 92 ①・84 ①二及び三）、②理事会非設置一般社団法人の場合、社員総会において、当該取引につき重要な事実を開示し、その承認（普通決議）を得る必

要がある（法人法84①二及び三）。

　一般財団法人において、理事が利益相反取引をしようとするときは、理事会において、当該取引につき重要な事実を開示し、その承認を得る必要ある（法人法197・84①二及び三）。

　承認に当たって開示が求められる「重要な事実」の意義、包括的承認の可否、承認を求めるべき理事については、基本的に先述した株式会社における議論と同様と考えられるため、株式会社についての箇所を参照されたい。

② 特別利害関係人への該当性

　理事会設置一般社団法人及び一般財団法人においては、利益相反取引の承認は理事会で行うところ、理事会の決議について特別の利害関係を有する理事は、議決に加わることができず（法人法95②、197・95①）、定足数にも算入されない（法人法95①、197・95①）。ここでの「特別の利害関係」については、基本的に先述した株式会社における議論と同様と考えられるため、株式会社についての箇所を参照されたい。

　これに対し、理事会非設置一般社団法人においては、利益相反取引の承認は社員総会で行うところ、社員総会の決議について「特別の利害関係」を有する社員は、議決権行使自体は禁止されておらず、議決権を行使したことによって著しく不当な決議がされた場合に限り社員総会決議取消事由となる（法人法266①三）。

③ 事後承認

　基本的に先述した株式会社における議論と同様と考えられるため、株式会社についての箇所を参照されたい。

5 利益相反取引の報告

(1) 株式会社の場合

① 取締役会設置会社の場合

　取締役会設置会社においては、利益相反取引をした取締役は、当該取引後遅滞なく当該取引についての重要な事実を取締役会に報告しなければならない（会社法365②）。

　この事後の報告義務のある取締役は、直接取引においては、会社の

取引相手方の取締役、間接取引においては、会社を代表して取引を行った取締役であると解される*16。なお、間接取引において、当該取引について会社と利益相反関係にある取締役を報告義務者とする見解もあるが、会社を代表して取引を行った取締役又は利益相反関係にある取締役のいずれかが取締役会に報告した場合には、他方は報告を要しないと考えられており、上記見解の違いは実務上さほど影響はない。

*16　前掲＊3　234頁［本間輝雄］

　事後報告は、会社に損害が生じた場合等に責任追及その他の適切な措置をとるための判断資料を会社に与える趣旨のものであり、報告が求められる「重要な事実」とは、当該趣旨に鑑み、利益相反取引について会社の承認を受ける際に開示が求められたものと同程度の事項と解される。

　なお、反復継続される取引について、合理的な範囲で一定程度包括的に承認を得ていた場合には、一定程度包括的に報告することも認められている。

　事後報告の義務は、利益相反取引につき取締役会の承認を得ていたか否かを問わず課せられるものであり、この報告をせず、又は虚偽の報告をしたときは、過料に処せられることになる（会社法976二十三）。

② 取締役会非設置会社の場合

　取締役会非設置会社においては、取締役会設置会社の場合のような利益相反取引についての事後報告義務は特に定められていない。ただし、取締役は、会社に著しい損害を及ぼすおそれのある事実があることを発見したときは、直ちに、当該事実を株主（監査役設置会社にあっては、監査役）に報告する義務があり（会社法357①）、取締役会非設置会社においても、利益相反取引を行ったことにより会社に著しい損害を及ぼすおそれが生じた場合には、取締役は当該報告義務を果たす必要がある。

(2) 持分会社の場合

　持分会社の業務執行社員が利益相反取引を行った場合においては、利益相反取引についての事後報告義務は特に定められていない。

(3) 一般社団法人・一般財団法人の場合

① 理事会設置一般社団法人及び一般財団法人の場合

　理事会設置一般社団法人及び一般財団法人においては、利益相反取引をした理事は、当該取引後遅滞なく当該取引についての重要な事実を理事会に報告しなければならない（法人法 92 ②、同法 197・92 ②）。

　事後報告の趣旨、事後報告が求められる「重要な事実」、反復継続する取引についての包括的報告については、株式会社の場合と同様と解されるので、該当箇所を参照されたい。

　事後報告の義務は、利益相反取引につき理事会の承認を得ていたか否かを問わず課せられるものであり、この報告をせず、又は虚偽の報告をしたときは、過料に処せられることになる（法人法 342 十四）。

② 理事会非設置一般社団法人の場合

　理事会非設置一般社団法人においては、理事会設置一般社団法人の場合のような利益相反取引についての事後報告義務は特に定められていない。ただし、理事は、一般社団法人に著しい損害を及ぼすおそれのある事実があることを発見したときは、直ちに、当該事実を社員（監事設置一般社団法人にあっては、監事）に報告する義務があり（法人法 85）、理事会非設置一般社団法人においても、利益相反取引を行ったことにより一般社団法人に著しい損害を及ぼすおそれが生じた場合には、理事は当該報告義務を果たす必要がある。

6 承認の効果・違反の効果

(1) 株式会社の場合

① 利益相反取引の効力

　会社の承認を受けた取締役の利益相反取引は有効となる。そして、自己契約又は双方代理になる場合であっても、民法 108 条の規定は適用されない（会社法 356 ②）。

　これに対し、会社の承認を受けずになされた利益相反取引の効果については、条文上は規定がないが、利益相反取引は無効であるとした上で、取引安全の観点から、会社が第三者に対して取引の無効を主張するには、当該第三者が悪意であることを主張・立証する必要があるとする相対的無効説が判例・通説となっている（最判昭 43.12.25・民

集 22 巻 13 号 3511 頁、最判昭 46.10.13・民集 25 巻 7 号 900 頁）。ここで、「悪意」とは、第三者が、①当該取引が利益相反取引に該当すること、及び②会社の承認を受けていないことの両方を知っている場合をいう*17。

＊17　前掲＊1　463 頁

② 取締役の責任

　利益相反取引について会社の承認を得た場合であっても、承認によって取締役の善管注意義務・忠実義務が免除されるわけではなく、当該利益相反取引によって会社に損害が生じた場合には、任務懈怠が認められる取締役は会社に対して損害賠償責任を負う（会社法 423 ①）。そして、次の①から③の取締役について、任務懈怠が推定される（会社法 423 ③）。

①　利益相反取引を行った取締役

②　会社が当該取引をすることを決定した取締役

③　当該取引に関する取締役会承認決議に賛成した取締役

なお、自己のために会社と直接取引を行った取締役については、その責任は無過失責任とされ（会社法 428 ①）、会社法 425 条から 427 条までに定められている責任の一部免除等も認められない（会社法 428 ②、ただし、総株主の同意による免除（会社法 424）は認められる）。

　これに対し、利益相反取引について会社の承認を受けずに取引を行った場合は、そのこと自体が任務懈怠に該当することになり、当該利益相反取引によって会社に損害が生じた場合には、取締役は会社に対して損害賠償責任を負うことになる（会社法 423 ①）。

　なお、利益相反取引規制においては、競業取引規制のような承認を得ずに取引を行った場合の損害額の推定規定（会社法 423 ②）は設けられていない。

(2) 持分会社の場合

① 利益相反取引の効力

　承認を受けた業務執行社員の利益相反取引は有効となる。そして、自己契約又は双方代理になる場合であっても、民法 108 条の規定は適用されない（会社法 595 ②）。

承認を受けずになされた場合の利益相反取引の効果については、条文上は規定がないが株式会社の場合と同様と考えられる。

② 業務執行社員の責任

利益相反取引について承認を得た場合であっても、承認によって業務執行社員の善管注意義務・忠実義務が免除されるわけではなく、当該利益相反取引によって会社に損害が生じた場合には、任務懈怠が認められる業務執行社員は会社に対して損害賠償責任を負う（会社法596）。なお、株式会社の場合のような任務懈怠の推定規定はない。

これに対し、利益相反取引について会社の承認を受けずに取引を行った場合は、そのこと自体が任務懈怠に該当することになり、当該利益相反取引によって会社に損害が生じた場合には、業務執行社員は会社に対して損害賠償責任を負うことになる（会社法596）。

なお、利益相反取引規制においては、競業取引規制のような承認を得ずに取引を行った場合の損害額の推定規定（会社法594②）は設けられていない。

(3) 一般社団法人・一般財団法人の場合

① 利益相反取引の効力

承認を受けた理事の利益相反取引は有効となる。そして、自己契約又は双方代理になる場合であっても、民法108条の規定は適用されない（法人法84②、同法197・84②）。

承認を受けずになされた場合の利益相反取引の効果については、条文上は規定がないが株式会社の場合と同様と考えられる。

② 理事の責任

利益相反取引について承認を得た場合であっても、承認によって理事の善管注意義務・忠実義務が免除されるわけではなく、当該利益相反取引によって法人に損害が生じた場合には、任務懈怠が認められる業務執行社員は会社に対して損害賠償責任を負う（法人法111①、同法198・111③）。そして、次の①から③の理事について、任務懈怠が推定される（法人法111③、同法198・111③）。

① 利益相反取引を行った理事
② 法人が当該取引をすることを決定した理事

③　当該取引に関する理事会の承認決議に賛成した理事

なお、自己のために会社と直接取引を行った理事については、その責任は無過失責任とされ（法人法116①、同法198・116①）、一般社団法人法113条から115条までに定められている責任の一部免除等も認められない（法人法116②、同法198・116②、ただし、総社員（一般社団法人の場合）又は総評議員（一般財団法人の場合）の同意による免除（法人法112、同法198・112）は認められる）。

これに対し、利益相反取引について承認を受けずに取引を行った場合は、そのこと自体が任務懈怠に該当することになり、当該利益相反取引によって法人に損害が生じた場合には、理事は法人に対して損害賠償責任を負うことになる（法人法111①、同法198・111①）。

なお、利益相反取引規制においては、競業取引規制のような承認を得ずに取引を行った場合の損害額の推定規定（法人法111②、同法198・111②）は設けられていない。

７ 取締役会・理事会の議事録作成上の留意点

取締役会設置会社においては取締役会、理事会設置一般社団法人及び一般財団法人においては理事会が、利益相反取引の承認の決議を行うところ、前述のとおり、利益相反取引を承認する決議には、特別利害関係人に該当する取締役・理事は参加できず、定足数にも算入されないほか、議長を務めることもできない。そこで、利益相反取引の承認決議を行った取締役会・理事会の議事録においては、特別利害関係人が決議に参加しておらず、議長を務めていないことを明確にしておく必要がある。

なお、取締役会・理事会の決議に参加した取締役・理事であって、取締役会・理事会の議事録に異議を留めない者は当該決議に賛成したものと推定されるので（会社法369⑤、法人法95⑤、同法197・95⑤）、承認決議に反対した場合には議事録にその旨を記載してもらう必要がある。

【利益相反取引を承認する取締役会議事録の例】

取締役会議事録

令和○年○月○日午後○時○分より、当社の本店において取締役会を開催した。

取締役総数	３名
出席取締役数	３名
監査役総数	１名
出席監査役数	１名

定款の規定により、代表取締役Ａは議長となり開会を宣言し、直ちに議事に入った。

第１号議案　○○の件

（中略）

第○号議案　取締役の利益相反取引承認の件

代表取締役Ａは、本議案については、特別の利害関係があり議長を交代する旨を述べた。

取締役Ｂは選ばれて議長となり、今般、○○県での当社新規工場建設予定地として、下記不動産を当会社代表取締役Ａが代表取締役を兼務する株式会社○○（本店所在地　東京都○○○○○○番○号）より、売買代金○○○○万円で購入したい旨、売買価格の算定根拠、当社の決算に与える影響その他の重要な事実を説明した後、添付のとおり不動産売買契約を締結することを提案し、その賛否を議場に諮ったところ、満場一致をもって、これを承認可決した。

なお、特別の利害関係のある代表取締役Ａは、本議案の審議及び決議に参加しなかった。

記

所在　○○県○○市○○町○丁目

地番　○番○

　　地目　宅地

　　地積　〇〇㎡

添付資料：不動産売買契約書

第〇号議案　〇〇の件
　代表取締役 A は、取締役 B から交代して議長となり、〇〇〇（以下省略）

以上をもって議事を終了したので、議長は午後〇時〇分に閉会を宣言した。

上記の議事の経過及び結果を明確にするため、この議事録を作成し、出席取締役及び監査役は以下に記名押印する。

令和〇年〇月〇日

〇〇〇〇株式会社

議長　代表取締役　　　A

　　　取締役　　　　　B

　　　取締役　　　　　C

　　　監査役　　　　　D

＊なお、会社法 365 条に該当する取引について登記申請の際に添付する取締役会議事録には、登記所に印鑑の届出をしている代表取締役については登記所の発行に係る印鑑証明書の印鑑を押し、他の取締役及び監査役については市区町村長の発行する印鑑証明書を添付する取扱いになっている（昭和 39.4.6 民事甲第 1287 号民事局長通達、昭和 45.8.27 民事三発第 454 号民事局第三課長回答）。

●2 ｜ 競業取引規制

◼ 競業取引規制の趣旨

　法人の取締役等は、自己又は第三者のために法人の事業の部類に属する取引をしようとするときは、法人の承認機関の承認を要すること

とされている（法令の条文については、前掲表1を参照）。これは、次のような趣旨に基づくものである。

取締役等は、①善良なる管理者の注意をもってその職務を行う義務（善管注意義務）を負っているほか、②法人のため忠実にその職務を行わなければならない義務（忠実義務）を負っている。したがって、取締役等は、自己又は第三者の利益を図るために法人の利益を犠牲にすることは許されない。

そして、取締役等は、顧客や事業上の秘密、ノウハウ等の法人の内部情報を入手しやすい地位にあり、そのような者が法人の事業と競合する取引を行う場合、法人の内部情報を利用して法人の取引先や機会を奪う等、法人の利益が犠牲にされるおそれがある。

そこで、取締役等が、法人の事業と競合する取引を行う場合には、法人に損害を与えることを防止するために、原則として、あらかじめ法人の承認を要するものとしたものである。

なお、取締役及び理事については同業他社等の取締役等への就任は禁止されていないが、持分会社の業務執行社員については、競業取引規制に加え、会社の事業と同種の事業を目的とする会社の取締役、執行役、業務執行社員になることについても規制されている（会社法594①）。

2 競業取引規制の対象となる役員の範囲

(1) 株式会社の場合

株式会社においては、取締役が競業取引規制の対象となる（会社法356①一）。代表取締役や業務執行取締役（会社法363①二）だけに限らず、すべての取締役が対象となる。なお、退任取締役は原則対象とならないが、任期満了又は辞任により退任したことで会社法又は定款で定めた取締役の員数が欠けた場合には、当該退任取締役は新たに選任された取締役が就任するまでなお取締役としての権利義務を有するため（会社法346①）、新たな取締役の就任まで引き続き競業取引規制の対象となる。

役員であっても、監査役及び会計参与は対象とはならない。

また、役員ではないが、会社の支配人も同様の競業取引規制が及ぶ

（会社法12①二）。支配人の場合、職務専念義務が課されることから、競業取引規制に加え、自ら営業を行うこと、他の会社等の使用人になること、他の会社の取締役、執行役、業務執行社員になることにつき会社の許可が必要とされている（会社法12①）。

(2) 持分会社の場合

　持分会社においては、業務を執行する社員（業務執行社員）が競業取引規制の対象となる（会社法594①一）。業務執行社員には、定款に別段の定めがある場合を除き、全ての社員がなる（会社法590①）。ここでの社員は、無限責任社員であるか有限責任社員であるかを問わない[*18]。定款で業務執行社員を定めた場合には、その者が業務執行社員となる（会社法590①）。

＊18　前掲＊2　158頁

　なお、法人も業務執行社員となることができるが、この場合、当該法人は、当該業務執行社員の職務を行うべき者（職務執行者）を選任しなければならず（会社法598①）、選任された職務執行者にも競業取引規制が適用される（会社法598②・会社法594①一）。

(3) 一般社団法人及び一般財団法人の場合

　一般社団法人及び一般財団法人においては、理事が競業取引規制の対象となる（一般社団法人法84①一及び同法197・84①一）。代表理事に限らず、すべての理事が対象となる。監事は対象とはならない。

❸ 競業取引規制の対象となる取引の範囲

　取締役等の競業取引規制は、取締役等が、自己又は第三者のために、法人の事業の部類属する取引をなす場合に適用される。以下では、株式会社の取締役の場合の議論を基に説明するが、業務執行社員及び理事の場合も基本的に同様と考えられる。

(1) 「自己又は第三者のために」の意義

　「自己又は第三者のために」の意義については、学説上、①「自己又は第三者の名において」と解する説（名義説）と、②「自己又は第三者の計算において」、つまり、行為の経済上の結果が自己又は第三者に帰属することであると解する説（計算説）とがあるところ、利益相反取引規制の場合とは異なって、競業取引規制の場合には②の計算

説が通説とされている。もっとも、名義説と計算説は、介入権（旧商法264条3項、「自己のための取引」にのみ適用される）の規定を巡って議論されていたところ、介入権の規定が会社法制定時に廃止されたことにより現在は議論の実益はあまりないとされる。

　なお、取締役が、競業会社の代表取締役等に就任しているわけではない場合であっても、当該取締役及びその生計同一者（配偶者や子など）で競業会社の株式を多数保有し、その経営を実質的に支配している場合、取締役が競業会社の「事実上の主宰者」として会社経営を行うことは、自己又は第三者のために競業行為を行うことにあたるとして競業取引規制が及ぶ可能性があり、留意が必要である（東京地判昭56.3.26・判時1015号27頁、大阪高判平2.7.18・判時1378号113頁・後掲Ⅳ【参考判例2】、名古屋高判平20.4.17・金判1325号47頁参照）。実務上は、上記のような場合には、競業取引規制に従い、会社の承認を得ておいたほうがよいと考えられる。

(2) 「事業の部類に属する取引」

　「事業の部類に属する取引」とは、会社が実際に行っている取引と目的物（商品・役務の種類）及び市場（地域・流通段階等）が競合する取引をいう[19]。

[19]　前掲*1　453頁

　定款所定の目的外の事業であっても、会社が現実に行っていれば「事業の部類に属する取引」に該当し、逆に、定款所定の事業であっても現在会社が全く行っていないものは原則としてこれに該当しない。ただし、会社が既に開業準備に着手している事業及び一時的に休止している事業については「事業の部類に属する取引」に含まれ、また、現に開業準備に着手していなくとも、会社の営業の種類、状態、事業方針から判断して、新規事業の開始が合理的に予測される場合、ないしは事業開始することが相当程度確実になっている場合にも、これに含まれると解される[20]。

[20]　前掲*3　207頁［本間輝雄］

　また、例えば、ある製品の製造・販売を目的とする会社の場合には、当該製品の原材料を購入する取引も「事業の部類に属する取引」とな

り得る（最判昭 24.6.4・民集 3 巻 7 号 235 頁）。ただし、会社の目的たる事業自体に属する取引ではなく、その事業の維持便益のためにする補助的行為（製品の製造・販売を目的とする会社の場合における製品や原材料の運送契約、手形や小切手の振出、資金調達等）は「事業の部類に属する取引」には含まれないと解される。

4 競業取引の承認

(1) 株式会社の場合

① 承認機関による承認

取締役が自己又は第三者のために会社の事業の部類に属する取引をしようとするときは、①取締役会設置会社においては、取締役会において、当該取引につき重要な事実を開示し、その承認を得る必要があり（会社法 365 ①・356 ①一）、②取締役会非設置会社においては、株主総会において、当該取引につき重要な事実を開示し、その承認（普通決議）を得る必要がある（会社法 356 ①一）。

承認に当たって開示が求められる「重要な事実」とは、承認すべきか否かを判断するための資料となるものであり、具体的には、取引の種類、相手方、目的物、数量、価格、履行期、取引の期間などである[21]。

＊21　前掲＊7　73 頁［北村雅史］

競業取引の承認は、具体的な個々の取引ごとに個別に行うのが原則であるが、反復継続的に行われる取引については合理的な範囲を定めてある程度包括的に承認を行うことができる[22]。なお、包括的承認は、実務的には取締役が同種の事業を目的とする他の会社の代表者や支配人等を兼任し、当該他の会社を代表して又は代理して会社の事業の部類に属する取引を行うことが想定される場合に有益である（後記Ⅲ2 1 参照）。

＊22　前掲＊7　217 頁［本間輝雄］

② 特別利害関係人への該当性

取締役会設置会社においては、競業取引の承認は取締役会で行うところ、取締役会の決議について特別の利害関係を有する取締役は、議決に加わることができず（会社法 369 ②）、定足数にも算入されない（会

社法369①）。さらに、当該取引を承認する決議において取締役会の議長を務めることもできない（東京高判平8.2.8・資料版商事法務151号143頁）。

　ここでの「特別の利害関係」とは、特定の取締役が当該決議について、会社に対する忠実義務を誠実に履行することが定型的に困難と認められる個人的利害関係ないしは会社外の利害関係をいう*23。そして、競業取引の承認決議において、競業取引を行う取締役は「特別の利害関係」を有する者に該当すると解されている（利益相反取引の事例であるが、大阪地判昭57.12.24・判時1091号136頁、東京地判平7.9.20・判時1572号131頁参照）。

*23　前掲*7　292頁［森本滋］

　他方、取締役会非設置会社においては、競業取引の承認は株主総会で行うところ、株主総会の決議について「特別の利害関係」を有する株主は、議決権行使自体は禁止されておらず、議決権を行使したことによって著しく不当な決議がされた場合に限り株主総会決議取消事由となる（会社法831①三）。

③ 事後承認

　競業取引を行う場合、承認は事前に受けておく必要があるが（「取引をしようとするとき」（会社法356①一）との文言参照）、事前に承認を得なかった場合に事後承認を認めるかについては見解が分かれている。通説は、利益相反取引の場合とは異なり事後承認を認めていないが、これは、競業取引については、利益相反取引の場合とは異なって、後述のとおり会社の承認がなくとも取引自体は有効と解されており、取引の効力との関係で事後承認を認める必要がないこと、会社としては事後に重要な事実を開示されても会社自身が当該取引を行う可能性を考慮することができないため、事前の開示・承認とは状況が大きく異なること、また、承認を得なかった場合の損害額の推定規定があるところ（会社法423②）、事後承認によって当該規定の適用が破られるのは妥当でないこと等によるものである*24。

*24　前掲*7　74頁［北村雅史］

(2) 持分会社の場合

持分会社の業務執行社員が競業取引をしようとするときは、定款に別段の定めがある場合を除き、競業取引をしようとする社員を除いた他の社員の全員（なお、利益相反取引の場合は過半数）の承認を受けなければならない（会社法594①）。

(3) 一般社団法人・一般財団法人の場合

① 承認機関による承認

一般社団法人において、理事が自己又は第三者のために会社の事業の部類に属する取引をしようとするときは、①理事会設置一般社団法人においては、理事会において、当該取引につき重要な事実を開示し、その承認を得る必要あり（法人法92①・84①一）、②理事会非設置一般社団法人においては、社員総会において、当該取引につき重要な事実を開示し、その承認（普通決議）を得る必要がある（法人法84①一）。

一般財団法人において、理事が自己又は第三者のために会社の事業の部類に属する取引をしようとするときは、理事会において、当該取引につき重要な事実を開示し、その承認を得る必要がある（法人法197・84①一）。

② 特別利害関係人への該当性

理事会設置一般社団法人及び一般財団法人においては、競業取引の承認は理事会で行うところ、理事会の決議について特別の利害関係を有する理事は、議決に加わることができず（法人法95②）、定足数にも算入されない（法人法95①）。ここでの「特別の利害関係」については、基本的に株式会社における議論と同様と考えられるため、株式会社についての箇所を参照されたい。

これに対し、理事会非設置一般社団法人においては、競業取引の承認は社員総会で行うところ、社員総会の決議について「特別の利害関係」を有する株主は、議決権行使自体は禁止されておらず、議決権を行使したことによって著しく不当な決議がされた場合に限り社員総会決議取消事由となる（法人法266①三）。

③ 事後承認

基本的に先述した株式会社における議論と同様と考えられるため、

株式会社についての箇所を参照されたい。

5 競業取引の報告

(1) 株式会社の場合

① 取締役会設置会社の場合

　取締役会設置会社においては、競業取引をした取締役は、当該取引後遅滞なく当該取引についての重要な事実を取締役会に報告しなければならない（会社法365②）。

　この事後報告は、会社に損害が生じた場合等に責任追及その他の適切な措置をとるための判断資料を会社に与える趣旨のものであり、事後報告が求められる「重要な事実」とは、当該趣旨に鑑み、競業取引について会社の承認を受ける際に開示が求められたものと同程度の事項（取引の種類、相手方、目的物、数量、価格、履行期、取引の期間など）と解される。

　なお、反復継続される取引について、合理的な範囲で一定程度包括的に承認を得ていた場合には、一定程度包括的に報告することも認められている。

　事後報告の義務は、競業取引につき取締役会の承認を得ていたか否かを問わず課せられるものであり、この報告をせず、又は虚偽の報告をしたときは、過料に処せられることになる（会社法976二十三）。

② 取締役会非設置会社の場合

　取締役会非設置会社においては、取締役会設置会社の場合のような競業取引についての事後報告義務は特に定められていない。ただし、取締役は、会社に著しい損害を及ぼすおそれのある事実があることを発見したときは、直ちに、当該事実を株主（監査役設置会社にあっては、監査役）に報告する義務があり（会社法357①）、取締役会非設置会社においても、競業取引を行ったことにより会社に著しい損害を及ぼすおそれが生じた場合には、取締役は当該報告義務を果たす必要がある。

(2) 持分会社の場合

　持分会社の業務執行社員が競業取引を行った場合においては、競業取引についての事後報告義務は特に定められていない。

(3) 一般社団法人・一般財団法人の場合

① 理事会設置一般社団法人及び一般財団法人の場合

　理事会設置一般社団法人及び一般財団法人においては、競業取引をした理事は、当該取引後遅滞なく当該取引についての重要な事実を理事会に報告しなければならない（法人法92②）。

　事後報告の趣旨、事後報告が求められる「重要な事実」、反復継続する取引についての包括的報告については、株式会社の場合と同様と解されるため、該当箇所を参照されたい。

　また、事後報告の義務は、競業取引につき理事会の承認を得ていたか否かを問わず課せられるものであり、この報告をせず、又は虚偽の報告をしたときは、過料に処せられることになる（法人法342十四）。

② 理事会非設置一般社団法人の場合

　理事会非設置一般社団法人においては、理事会設置一般社団法人の場合のような競業取引についての事後報告義務は特に定められていない。ただし、理事は、一般社団法人に著しい損害を及ぼすおそれのある事実があることを発見したときは、直ちに、当該事実を社員（監事設置一般社団法人にあっては、監事）に報告する義務があり（法人法85）、理事会非設置一般社団法人においても、競業取引を行ったことにより一般社団法人に著しい損害を及ぼすおそれが生じた場合には、理事は当該報告義務を果たす必要がある。

6 承認の効果・違反の効果

(1) 株式会社の場合

① 競業取引の効力

　取締役が行った競業取引の効力については、会社の承認の有無にかかわらず有効である。競業取引については、利益相反行為の場合とは異なり、あくまで取締役と会社以外の第三者との取引であるため、会社の承認を得ていない競業取引を無効とした場合には、規制対象ではない取引相手方が不利益を被ることになり不都合であるからである[25]。なお、競業取引の相手方が、当該取引について取締役が会社の承認を得ていないことを知っていたとしても、取引の効力には影響はない[26]。

＊25　前田庸『会社法入門［第13版］』442頁（有斐閣）

＊26　前掲7　74頁［北村雅史］

② 取締役の責任

　競業取引について会社の承認を得た場合であっても、承認によって取締役の善管注意義務・忠実義務が免除されるわけではなく、当該競業取引によって会社に損害が生じた場合には、任務懈怠が認められる取締役は会社に対して損害賠償責任を負う。ただし、当該責任は過失責任であり、責任が認められるには取締役の故意・過失が必要とされる。そして、会社の承認を得た場合には、損害額の推定規定（会社法423②）は適用されない。

　これに対し、競業取引規制に違反して会社の承認を得ずに取締役が競業取引を行った場合には、当該取締役は任務懈怠として会社に対して損害賠償責任を負う（会社法423①）。そして、この場合には、当該競業取引によって取締役や第三者が得た利益の額が損害額と推定され（会社法423②）、損害賠償請求時の損害の立証負担が軽減されることになる。

(2) 持分会社の場合

　基本的に先述した株式会社における議論と同様と考えられるため、株式会社についての箇所を参照されたい（なお、業務執行役員の損害賠償責任についての損害額の推定規定は、会社法594②）。

(3) 一般社団法人・一般財団法人の場合

　基本的に先述した株式会社における議論と同様と考えられるため、株式会社についての箇所を参照されたい（なお、理事の損害賠償責任についての損害額の推定規定は、一般社団法人法111②及び同法198・111②）。

7 取締役会・理事会の議事録作成上の留意点

　取締役会・理事会の議事録作成上の留意点は、基本的に利益相反取引の場合と同様であるので、当該箇所を参照されたい。

Ⅲ 各論〜ケース別検討

● 1 利益相反取引のケースの検討

　以下では、**1**において、取引類型の観点からの具体例を検討した後に、**2**〜**5**において、取締役が他社の役職員を兼任している場合や他社の株式を保有している場合などの、役員・法人間及び親子会社等の関係会社間の取引につき具体例を検討する。

1 金銭消費貸借・賃貸借・売買の場合

(1) 金銭消費貸借

① 会社が取締役に対して金銭を貸し付ける場合

　甲会社が取締役Aに金銭を貸し付けるケースについて検討する。

　甲会社と取締役Aとの間で、会社を貸主、取締役Aを借主とする金銭消費貸借の取引を行うことになり、直接取引に該当しうることになる。

　会社が取締役に対して金銭を貸し付ける場合は、取締役が借入れの利益を得る一方で、会社は取締役に対する貸付債権につき回収不能リスクを負う。なお、貸付けが無利息・無担保でなされる場合にはより会社の不利益が大きくなるが、仮に貸付けが有利息・有担保であったとしても、取締役の返済能力を考慮した融資判断や貸付条件等には裁量の余地があることから、利益相反取引規制が及ぶ。

　したがって、甲会社が取締役Aに金銭の貸付けを行う場合には、利息・担保の有無にかかわらず利益相反取引規制が及び、甲会社の取締役会の承認が必要となる。

② 取締役が会社に対して金銭を貸し付ける場合

　取締役Aが甲会社に金銭を貸し付けるケースについて検討する。

ア　無担保・無利息の場合

　甲会社と取締役Aとの間で金銭消費貸借の取引を行うことになり、直接取引に該当しうることになる。

　ただし、前記Ⅱの概要の箇所で述べたとおり、利益相反取引規制の趣旨から、当該取引が抽象的にみて会社に損害が生じ得ない場合には

利益相反取引規制は及ばないと解される。そして、取締役が会社に対して無利息・無担保で金銭の貸付けを行う場合は、特段の事情がない限り、会社が利益を享受することはあっても、不利益を受けることはなく、利益相反取引規制は及ばない（最判昭 38.12.6・民集 17 巻 12 号 1664 号）。

　したがって、取締役 A が甲会社に無利息・無担保で金銭の貸付けを行う場合には、利益相反取引規制は及ばず、利益相反取引に関する甲会社の取締役会の承認は不要である。

イ　有利息又は有担保の場合

　上記アで述べたとおり、利益相反取引規制の趣旨から、当該取引が抽象的にみて会社に損害が生じ得ない場合には利益相反取引規制は及ばないと解される。

　この点、有利息・有担保であっても、甲会社としては金銭の借入れができる以上、融資を得られるという利益を得る側面はあるが、取締役でも会社に対して苛酷な条件で金銭を貸し付け、もって私利を図ろうとする者がいないとは言い切れず、そのような金銭貸付は会社に損害を及ぼすおそれがあり、取締役と会社との間に利害の衝突を生じるおそれがあるとして、取締役が会社に対し金銭を貸し付ける行為が常に会社にとって利益があって、会社に対し損害を及ぼすおそれがないものと断定することはできない旨判示した判例もあり（東京高判昭 36.8.30・下民集 12 巻 8 号 2106 頁）、抽象的にみて損害を生じ得ない取引とはいえないと考えられる。

　したがって、取締役 A が甲会社に有利息又は有担保で金銭の貸付けを行う場合には利益相反取引規制が及び、甲会社の取締役会の承認が必要となる。

(2) 賃貸借

① 会社が取締役に対し賃貸する場合（社宅など）

　甲会社が取締役 A に社宅を賃貸するケースについて検討する。

　甲会社と取締役 A との間で賃貸借の取引を行うことになり、直接取引に該当する。

　この場合、賃料、賃貸借期間、その他利用条件等につき合意するこ

とになるが、相場より低額の賃料を設定することなどが可能であり、抽象的にみて会社に損害が生じ得ない取引とはいえず、原則として利益相反取引に該当する。

したがって、原則として、甲会社の取締役会の承認が必要となる。

ただし、利益相反取引規制の趣旨から、取引の内容が定型化されており裁量の余地がない場合には利益相反取引規制は及ばないと解されており、甲会社があらかじめ取締役会で承認された社宅規程等に従い取締役Aに社宅を賃貸するような場合には、当該社宅規程等が賃料等について大幅な裁量の余地があるような場合を除き、利益相反取引に該当せず、甲会社の取締役会の承認は不要と解される。

② 取締役が会社に賃貸する場合（不動産など）

取締役Aが甲会社に不動産を賃貸するケースについて検討する。

甲会社と取締役Aとの間で、取締役Aを貸主、甲会社を借主とする賃貸借の取引を行うことになり、直接取引に該当する。

この場合、賃料、賃貸借期間、その他利用条件等につき合意することになるが、相場より高額の賃料を設定することなどが可能であり、抽象的にみて会社に損害が生じ得ない取引とはいえず、利益相反取引に該当する。

したがって、甲会社の取締役会の承認が必要となる。

なお、既存の賃貸借契約がある場合において、近隣の賃料相場の変動等により合意で賃料を変更するときは、利益相反取引規制の趣旨から、賃料の減額等会社にとって不利益でない変更については改めて取締役会の承認は不要と考えるが、賃料を増額するなど会社の不利益になる変更の場合には、改めて取締役会の承認が必要になる。

③ 取締役が第三者から借りている住宅の賃貸借契約を会社が保証する場合

保証に関する後記(4)①の箇所を参考にされたい。

(3) 売買

① 会社が取締役に対して売る場合

甲会社と取締役Aとの間で、甲会社を売主、取締役Aを買主とする売買取引を行うことになり、直接取引に該当する。

この場合、売買価格その他の条件等につき合意することになるが、相場より安い価格で売買することなどが可能であり、抽象的にみて会社に損害が生じ得ない取引とはいえず、原則として利益相反取引に該当する。

ただし、インターネット上の販売サイトで製品を販売している会社の取締役が当該販売サイト上で一般顧客として製品を購入する場合のように、誰が購入しても同じ条件となる定型的な取引であって裁量の余地がないものあれば、当該取引は抽象的にみて会社に損害を生じ得ない取引といえ、利益相反取引には該当しない。

したがって、甲会社を売主、取締役Aを買主とする売買取引は、原則として甲会社の取締役会の承認が必要となるが、誰が購入しても同じ条件となる定型的な取引であって裁量の余地がない場合には、取締役会の承認は不要と解される。

② 取締役が会社に売る場合

甲会社と取締役Aとの間で、取締役Aを売主、甲会社を買主とする売買取引を行うことになり、直接取引に該当する。

この場合、売買価格その他の条件等につき合意することになるが、相場より高い価格で売買することなどが可能であり、抽象的にみて会社に損害が生じ得ない取引とはいえず、利益相反取引に該当する。

なお、誰が購入しても同じ条件となる定型的な取引であったとしても、会社は取締役以外の相手からより有利な条件で購入することも可能であることから、当該取引は抽象的にみて会社に損害を生じ得ない取引とはいえないと考えられる。

したがって、取締役Aを売主、甲会社を買主とする売買取引は、甲会社の取締役会の承認が必要となる。

(4) 保証

① 取締役の債務を会社が保証する場合

取締役Aが債権者丙会社に対し負っている債務を、甲会社が保証するケースにつき検討する（次頁の図を参照）。

甲会社が、取締役Aが債権者丙会社に対し負っている債務につき保証をする場合には、会社法365条1項3号に例示されている典型的

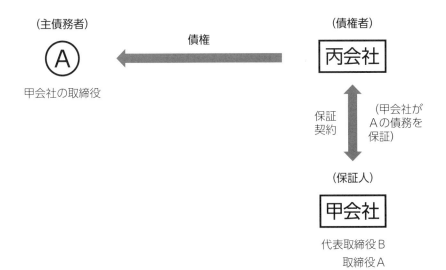

な間接取引に該当する。

　したがって、取締役Ａの債務を甲会社が保証する場合には、間接取引として利益相反取引規制が及び、甲会社の取締役会の承認が必要となる。なお、この取締役会の承認決議において、取締役Ａは特別利害関係人に該当し、議決権を行使することができない（なお、甲会社を代表して丙会社と保証契約を締結する代表取締役Ｂは特別利害関係人には該当しない）。

② 会社の債務を取締役が保証する場合

　取締役Ａが、甲会社が債権者丙会社に対し負っている債務につき保証をするケースにつき検討する（次頁の図を参照）。

　会社の債務を取締役（特に代表取締役）個人が連帯保証することは経営者保証としてよく行われている。このような保証は、原則として、会社債権者と取締役個人の契約であり、また、抽象的にみて会社に損害が生じ得ない取引であることから、利益相反取引規制は及ばない。

　ただし、当該保証が、会社から取締役に対する保証委託に基づくものであり保証料等を取締役に支払う場合には、会社と取締役の利害衝突があるため、当該保証委託契約の部分について、直接取引として利

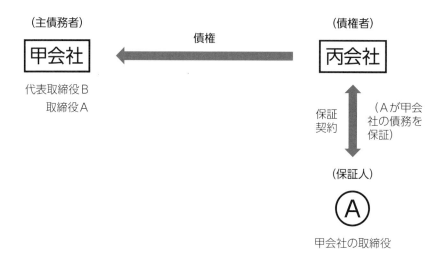

益相反取引規制が及ぶことになる。なお、この取締役会の承認決議において、取締役Aは特別利害関係人に該当し、議決権を行使することができない（なお、甲会社を代表して甲と保証契約を締結する代表取締役Bは特別利害関係人には該当しない）。

② 取締役が（支配関係のない）他社の役職員を兼任している場合

(1) 直接取引への該当が問題となるケース

会社の取締役が、他社の取締役を兼任している場合において、会社と他社とが取引を行うときは、当該取引につき、各会社において直接取引として利益相反取引規制が及ぶかどうかが問題になりうる。以下、検討する。

① 取引先の取締役を兼任している場合

甲会社の取締役Aが、乙会社の取締役（代表取締役ではない）を兼任している場合において、甲会社と乙会社との間で取引を行うケースにつき検討する。

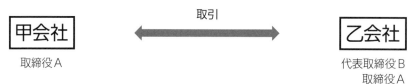

（ⅰ）　甲会社における取締役会の承認の要否

　乙会社においてＡは取締役に過ぎず、代表権を有しないため、甲会社の取締役Ａは、第三者である乙会社のために甲会社と取引を行うことにはならない。したがって、当該取引は直接取引に該当せず、利益相反取引規制は及ばない。

　ただし、当該取引において、Ａが乙会社を代理する場合には、甲会社の取締役Ａが、乙会社という第三者のために甲会社と取引を行うことになり、当該取引は直接取引に該当することになり、この場合には甲会社の取締役会の承認が必要となる。

（ⅱ）　乙会社における取締役会の承認の要否

　甲会社においてＡは代表権を有しないため、乙会社の取締役Ａは、第三者である甲会社のために乙会社と取引を行うことにはならない。したがって、当該取引は直接取引に該当せず、利益相反取引は及ばない。

　ただし、当該取引において、Ａが甲会社を代理する場合には、乙会社の取締役Ａが、甲会社という第三者のために乙会社と取引を行うことになり、当該取引は直接取引に該当することになり、この場合には乙会社の取締役会の承認が必要となる。

② 取引先の従業員を兼ねている場合

　甲会社の取締役Ａが、乙会社の従業員として雇用されている場合において、甲会社と乙会社との間で取引を行うケースである。

（ⅰ）　甲会社における取締役会の承認の要否

　乙会社においてＡは従業員に過ぎず、代表権を有しないため、甲会社の取締役Ａは、第三者である乙会社のために甲会社と取引を行うことにはならない。したがって、当該取引は直接取引に該当せず、利益相反取引は及ばない。

　ただし、当該取引において、Aが乙会社を代理する場合には、甲会社の取締役Aが、乙会社という第三者のために甲会社と取引を行うことになり、当該取引は直接取引に該当することになり、この場合には甲会社の取締役会の承認が必要となる。

(ⅱ)　乙会社における取締役会の承認の要否

　Aは、乙会社では取締役ではなく、従業員に過ぎない。したがって、乙会社においては、利益相反取引規制は及ばない。

　なお、Aが乙会社の支配人である場合には、他の会社の取締役、執行役又は業務執行社員となるには乙会社の許可が必要であり（会社法12①四）、Aは、甲会社の取締役に就任の際に乙会社の許可を受ける必要がある。

③ 取引先の代表取締役を兼任している場合

ア　取引先の代表取締役が1名のみの場合

　甲会社の取締役Aが、乙会社の代表取締役を兼任しており、乙会社の代表取締役がAのみである状況下で、甲会社と乙会社との間で取引を行うケースにつき検討する。

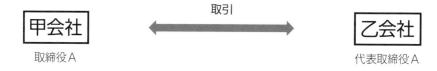

(ⅰ)　甲会社における取締役会の承認の要否

　Aは、乙会社の代表取締役であり、乙会社の代表権を有する。

　Aが当該取引において乙会社を代表する場合、甲会社の取締役Aが第三者である乙会社のために甲会社と取引を行うことになるため、当該取引は直接取引に該当し、甲会社の取締役会の承認が必要となる。

(ⅱ)　乙会社における取締役会の承認の要否

　甲会社においてAは代表権を有しないため、乙会社の取締役Aは、第三者である甲会社のために乙会社と取引を行うことにはならない。したがって、当該取引は直接取引に該当せず、利益相反取引は及ばない。

ただし、当該取引において、Aが甲会社を代理する場合には、乙会社の取締役Aが、甲会社という第三者のために乙会社と取引を行うことになり、当該取引は直接取引に該当することになり、この場合には乙会社の取締役会の承認が必要となる。

イ　取引先の代表取締役が複数の場合

甲会社の取締役Aが、乙会社の代表取締役を兼任しており、乙会社の代表取締役にA以外にもBがいる状況下で、甲会社と乙会社との間で取引を行うケースである。

（i）　甲会社における取締役会の承認の要否

Aが当該取引において乙会社を代表する場合には、上記ア(i)と同じであり、当該取引は直接取引に該当し、甲会社の取締役会の承認が必要となる。

これに対し、当該取引において乙会社を代表するのがAではなくBであった場合には、甲会社の取締役Aが、第三者である乙会社のために甲会社と取引を行うことにはならず、当該取引は直接取引には該当せず、取締役会の承認は不要と解されている[27]。しかし、この場合であっても、乙会社を代表するのが誰であるかにかかわらず代表取締役の地位にある者の影響力を重視すべきこと、同様の兼任状況の場合に甲会社が乙会社の債務を保証したときは間接取引として規制を受けること（後記(2)②参照）との均衡等から、当該取引は直接取引ないし間接取引に該当するものとして利益相反取引規制が及び、甲会社の取締役会の承認を必要とする説も有力である[28]。そのため、実務上は、当該取引を行うに当たっては、甲会社において利益相反取引規制が及びうるとして、取締役会の承認を得ておくのが適当であると考えられる。

＊27　前掲＊7　74頁［北村雅史］、前掲＊1　459頁

＊28　前掲＊6　234頁、河本一郎『取締役の利益相反行為（続）』法学セミナー
　　　　372号103頁（日本評論社）

(ii)　乙会社における取締役会の承認の要否

　甲会社において A は代表権を有しないため、乙会社の（代表）取
締役 A は、第三者である甲会社のために乙会社と取引を行うことに
はならない。したがって、当該取引は直接取引に該当せず、利益相反
取引は及ばない。

　ただし、当該取引において、A が甲会社を代理する場合には、乙
会社の（代表）取締役 A が、甲会社という第三者のために乙会社と
取引を行うことになり、当該取引は直接取引に該当することになり、
この場合には乙会社の取締役会の承認が必要となる。

ウ　取引先だけでなく自社においても代表取締役を兼任する場合

　甲会社の代表取締役 A が乙会社の代表取締役を兼任している状況
下で、甲会社と乙会社との間で取引を行うケースにおいて、乙会社に
は代表取締役に A 以外にも代表取締役 B がいる場合である。

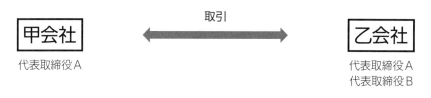

取引

甲会社
代表取締役A

乙会社
代表取締役A
代表取締役B

(i)　甲会社における取締役会の承認の要否

　A が当該取引において乙会社を代表する場合には、上記③イ(i)と
同じであり、当該取引は直接取引に該当し、甲会社の取締役会の承認
が必要となる。

　他方、当該取引において乙会社を代表するのが A ではなく B であっ
た場合であるが、上記③イ(ii)と同様の議論が当てはまる。それに加え、
上記③イ(ii)の場合と異なり A が甲会社においても代表取締役である
ところ、このように両社の代表取締役を兼任している場合においては、
乙会社を代表するのが A でなかったとしても、甲会社を代表するの
が A であれば、A は甲会社のみならず乙会社をも代表したと見るべ

きとする見解もある*[29]。そのため、他社だけでなく自社においても代表取締役である場合には、当該取引を行うにあたり、甲会社において利益相反取引規制が及ぶと考えて、取締役会の承認を得ておく必要があると考える。

*29　前掲＊1　460頁

(ii)　乙会社における取締役会の承認の要否

　Aは、甲会社の代表取締役であり、甲会社の代表権を有する。

　Aが当該取引において甲会社を代表する場合、乙会社の（代表）取締役Aが第三者である甲会社のために乙会社と取引を行うことになるため、当該取引は直接取引に該当し、乙会社の取締役会の承認が必要となる。

　以上、取締役が取引先の役職員を兼任しているケースにおいて、取引先との取引が利益相反取引（直接取引）に該当するとして対応するのがよいかについては、以下のように整理される。

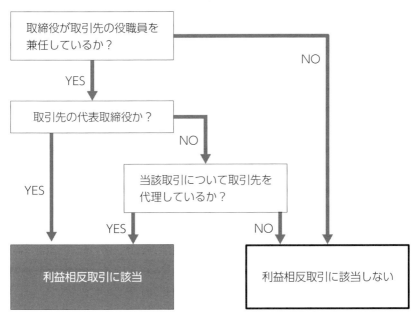

(2) 間接取引への該当が問題となるケース

① 取締役を兼任している他社の債務を保証する場合

　甲会社の取締役 A が、乙会社の取締役を兼任する状況において、乙会社が丙会社に対し負っている債務につき甲会社が保証するケースを検討する。

　間接取引は、前記 **Ⅱ 1 3**(2)において述べたとおり、取締役が利益を得て会社が不利益を被る危険性が類型的に認められる取引を、会社が第三者との間で行うことが規制対象となる。

　本ケースのように、保証契約をなす甲会社の取締役 A が、主債務者である乙会社の取締役を兼任しているだけでは、会社と取締役の利益が相反する危険性が類型的に認められるとは言えない（なお、A が乙会社の代表取締役を兼任している場合については、後記②を参照）。

　したがって、甲会社の取締役が、主債務者である乙会社の取締役（代表取締役ではない）を兼任するに過ぎない本ケースにおいては、当該保証契約は間接取引には該当せず、甲会社の取締役会の承認は不要である。

　なお、本ケースにおいて、乙会社の主債務の負担行為において A

が乙会社を代理していたとしても、同様に会社と取締役の利益が相反
する危険性が類型的に認められるとは言えず、同じ結論になると考え
る。

② 代表取締役を兼任している他社の債務を保証する場合

　甲会社の取締役 A が、乙会社の代表取締役を兼任している状況下
で、乙会社が丙会社に対して負っている債務につき甲会社が保証する
ケースを検討する。

　間接取引は、前記 **Ⅱ** 1 **3**(2)において述べたとおり、取締役が利益
を得て会社が不利益を被る危険性が類型的に認められる取引を、会社
が第三者との間で行うことが規制対象となるところ、このような危険
は、会社法 356 条 1 項 3 号に例示されている会社が取締役個人の債務
を保証する場合に限らず、取締役が代表取締役を兼任する他社の債務
を保証する場合にも類型的に認められると解されている。

　なお、最高裁昭和 45 年 4 月 23 日判決（民集 24 巻 4 号 364 頁）は、
会社と他社の両方の代表取締役を兼務している者が、他社の債務につ
き、会社を代表して保証をなす場合も、他社の利益にして会社に不利
益を及ぼす行為であるとして、利益相反取引規制の適用を認めている。
そして、前記 **Ⅱ** 1 **2**(1)において述べたように、利益相反取引規制は、
代表取締役だけに限らず、すべての取締役が対象とされていることか
らも、この結論は妥当と考えられる。

　したがって、甲会社の取締役が、主債務者である乙会社の代表取締役を兼任する本ケースにおいては、当該保証契約は間接取引に該当し、甲会社の取締役会の承認が必要となる。

　なお、本ケースにおいて、乙会社にA以外の代表取締役がおり、乙会社の主債務の負担行為においてA以外の代表取締役が乙会社を代表していたとしても、保証から生じる利益衝突の危険は主債務の契約を誰が代表したかによってさほど影響されるものではなく、同じ結論になると考える[30]。

＊30　前掲＊6　314頁注（53）

❸ 取締役が他社の株式を保有している場合

　取締役が他社の取締役を兼任していない状況下でも、株式保有により他社に影響力を有している場合には、利益相反取引規制が及ぶことがある。

(1) 取締役が議決権の過半数の株式を保有している取引先と取引する場合

　甲会社の取締役Aが、乙会社の議決権の過半数の株式を保有している（なお、Aは乙会社の取締役を兼任していない）状況下で、甲会社と乙会社との間で取引を行う場合を検討する。

（i）　甲会社における取締役会の承認の要否

　Aは乙会社の取締役を兼任していないので、当該取引において乙会社を代表又は代理するわけではなく、形式的には直接取引には該当しない。

　しかし、甲会社の取締役Aが、取引先である乙会社の議決権の過

半数の株式を保有する場合には、Ａが乙会社を実質上支配しており、当該取引が直接取引ないし間接取引に該当するとして利益相反取引規制が適用されるとする見解が一般的である*31。

*31　前掲*7　82頁［北村雅史］、前掲*6　308頁

したがって、Ａが、乙会社の議決権の過半数の株式を保有している場合には、利益相反取引規制が適用されるものとして、甲会社の取締役会の承認を得ておくのが妥当である。

また、取締役Ａのみでは乙会社の議決権の過半数の株式を保有していない場合であっても、取締役Ａ及びその生計同一者の保有株式を合算すると議決権の過半数となるときには同様と解すのが妥当である*32。さらに、取締役Ａ及びその生計同一者の保有株式を合算した議決権割合が過半数とはならない場合であっても、保有株式以外の状況も加味した上で、取締役Ａが乙会社の事実上の主宰者と認められる場合には、利益相反取引規制が及びうる余地があることに留意が必要である（大阪高判平2.7.18・判時1378号113頁・後掲**Ⅳ**【参考判例2】参照）。

*32　前掲*7　82頁［北村雅史］

(ii)　乙会社における取締役会の承認の要否

Ａは、乙会社では取締役ではない。したがって、乙会社においては、利益相反取引規制は及ばない。

(2) 取締役が議決権の過半数の株式を保有している他社の債務を保証する場合

甲会社の取締役Ａが、乙会社の議決権の過半数の株式を保有している（なお、Ａは乙会社の取締役を兼任していない）状況下で、乙会社が丙会社に対し負っている債務につき甲会社が保証するケースを検討する（次頁の図を参照）。

間接取引は、前記**Ⅱ** 1 **3**(2)において述べたとおり、取締役が利益を得て会社が不利益を被る危険性が類型的に認められる取引を、会社が第三者との間で行うことが規制対象となる。

そして、Ａが乙会社の議決権の過半数の株式を保有している場合には、Ａが乙会社を実質的に支配しているといえるところ、このよ

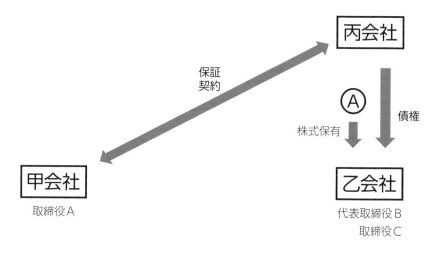

うな状況下で甲会社が乙会社の債務を保証する行為は、Aが実質的に支配する乙会社が利益を得て、ひいては甲会社の取締役Aが利益を得て、他方甲会社が不利益を被る危険性が類型的に認められ、間接取引に該当すると解すべきである[33]。

[33]　前掲[6]　308頁

　したがって、本ケースにおいては、当該保証契約は間接取引に該当し、甲会社の取締役会の承認が必要となる。

　なお、間接取引においても、上記(1)で述べた、取締役Aとその生計同一者の保有株式の合算及び取締役Aが乙会社の事実上の主宰者と認められる場合についての議論は同様である。

４ 取締役の親族との取引の場合

(1) 会社と取締役と生計を同一とする親族との取引

　甲会社が、取締役Aの配偶者と取引を行うケースを検討する。

　この場合、甲会社の取引相手は取締役の配偶者であって、取締役自身ではないため、形式的には直接取引には該当しない。

　しかし、取締役の配偶者や未成年の子などの生計同一者は取締役と経済的に一体であることが多く、そうでない場合でも緊密な血縁関係から取締役が会社の利益より生計同一者の利益を優先させる危険が取締役自身の取引の場合と実質的に同等といえることから、会社と取締

役の生計同一者との取引は直接取引ないし間接取引に該当するとして利益相反取引規制が適用されるとする見解が有力である[34]。

[34] 前掲[6] 298頁、小林公明『取締役の自己取引・競業取引規制の実務［新版］』48頁（商事法務研究会）

なお、保険金受取人を会社から取締役の妻に変更した行為につき、妻が夫と社会経済的に同一の生活実態を有していることにかんがみれば、実質的に会社と取締役との利益が相反する行為といわざるを得ないとした判例があり（仙台高決平9.7.25・判時1626号139頁・後掲Ⅳ【参考判例3】）、実務的には慎重に対応せざるを得ない。

したがって、甲会社が、取締役Aの生計同一者であるAの配偶者と取引をする場合には、利益相反取引規制が適用されるものとして、甲会社の取締役会の承認を得ておくのが妥当である。

(2) 会社が取締役の親族の債務を保証する場合

甲会社が、取締役Aの配偶者が丙会社に対し負っている債務につき甲会社が保証するケースを検討する。

この場合も、上記(1)の場合と同様に、会社が取締役の生計同一者の債務を保証することは間接取引に該当するとして利益相反取引規制が適用されるとする見解が有力であり、上記(1)で述べた判例もあることから実務的には慎重に対応せざるを得ない。

したがって、本ケースも、間接取引として利益相反取引規制が適用されるものとして、甲会社の取締役会の承認を得ておくのが妥当である。

5 会社と支配株主との取引（グループ会社間の取引）の場合

(1) 全株式を保有する支配株主との取引

利益相反取引規制の趣旨は、取締役と会社の利益が相反する場合において、取締役がその地位を利用し会社の利益を犠牲にして自己又は第三者の利益を図る危険を防止するものであるところ、会社が、その全株式を保有する支配株主と取引を行う場合には、実質的には両者の間には利益相反関係がない。

したがって、会社と全株式を保有する支配株主との取引については、①会社がその全株式を保有する（一人株主である）取締役と取引を行

う場合や、②完全親子会社において、子会社の取締役が親会社の代表取締役を兼任している状況下で取引を行う場合のように、形式的には会社法356条1項2号・3号に該当する取引を行ったとしても、実質的な利益相反関係になく、利益相反取引規制は及ばない（最判昭45.8.20・民集24巻9号1305頁・後掲Ⅳ【参考判例4】参照）。

(2) 過半数株式（全株式ではない）を保有する支配株主との取引

この場合、上記(1)の全株式を保有する支配株主との取引の場合とは異なり、会社に他の株主が存在する以上、取締役と会社、あるいは親会社と子会社との間で利害損失が一致するわけではなく、実質的な利益相反関係がないとはいえない。

したがって、会社と過半数株式（全株式ではない）を保有する支配株主との取引の場合において、会社法356条1項2号・3号に該当する取引が行われたときは、利益相反取引規制が及び、取締役会の承認が必要となる。

(3) 兄弟会社間の取引

兄弟会社間の取引については、完全親会社を共通とする兄弟会社間の取引の場合には、上記(1)と同様に利益相反関係がないと考えるのが合理的と考えられる。

(4) 利益相反取引に全株主の合意がある場合

利益相反取引規制の趣旨は、会社ひいては株主の利益保護にあることから、利益相反取引につき全株主の同意が得られる場合には、当該取引につき会社の承認は不要と考えられる（最判昭49.9.26・民集28巻6号1306頁・後掲Ⅳ【参考判例5】参照）。

● 2 ｜ 競業取引のケースの検討

以下、取締役が他社の役職員を兼任している場合などの具体例について検討する。なお、以下では、甲会社と乙会社は同じ事業を目的とする会社であり、いずれも株式会社であって、取締役会設置会社であることを前提とする。

■ 取締役が他社の役職員を兼任している場合

(1) 他社の取締役を兼任している場合

　甲会社の取締役Aが、乙会社の取締役（代表取締役ではない）を兼任している状況下で、乙会社が甲会社の事業の部類に属する取引を行うケースにつき検討する。

甲会社

取締役A

乙会社

代表取締役B
取締役A

(i)　甲会社における取締役会の承認の要否

　乙会社においてAは取締役に過ぎず代表権を有しないため、甲会社が乙会社と競業する取引を行う場合でも、第三者のために競業取引を行うことにはならず、競業取引規制は及ばない。

　ただし、当該取引において、Aが乙会社を代理する場合には、甲会社の取締役Aが、乙会社という第三者のために競業取引を行うことになり、競業取引規制が及ぶことになり、この場合には甲会社の取締役会の承認が必要となる。

　また、Aが乙会社を代理しない場合であっても、Aが乙会社の取締役として契約の相手方と交渉するなど、乙会社の代表取締役と共同で競業取引を行ったと認められる場合には、競業取引規制が及ぶとする見解もある。

　さらに、A及びその生計同一者（配偶者や子など）で競業会社の株式を多数保有し、その経営を実質的に支配している場合のように、「事実上の主宰者」の概念（前記**Ⅱ** **2** **3**(1)参照）により実質面で判断して競業取引規制が及ぶこともあり、このような場合も実務上は甲会社の取締役会の承認を得ておくのが適当である。

(ii)　乙会社における取締役会の承認の要否

　上記(i)の甲会社における取締役会の承認の要否と同様である。

(2) 他社の従業員を兼ねている場合

(i)　甲会社における取締役会の承認の要否

　甲会社の取締役Aが、乙会社の従業員として雇用されている状況

下で、乙会社が甲会社の事業の部類に属する取引を行うケースにつき検討する。

甲会社		乙会社
取締役A		従業員A

　取締役は、競業会社の従業員として雇用されること自体は禁止されていない。そして、Aは、乙会社においては従業員に過ぎず代表権を有しないため、Aが第三者である乙会社のために競業取引を行うことにはならず、競業取引規制は及ばない。

　ただし、乙会社からAが代理権を授与されたとき等、Aが乙会社を代理して競業取引を行う場合には、甲会社の取締役Aが、乙会社という第三者のために競業取引を行うことになり、競業取引規制が及ぶことになり、この場合には甲会社の取締役会の承認が必要となる。また、Aが乙会社を代理しない場合であっても、上記(1)(i)で述べたように、「事実上の主宰者」の概念（前記**Ⅱ** 2 **3**(1)参照）により実質面で判断して競業取引規制が及ぶこともあり、このような場合も実務上は甲会社の取締役会の承認を得ておくのが適当である。

(ii)　乙会社における取締役会の承認の要否

　Aは、乙会社では取締役ではなく、従業員に過ぎない。したがって、乙会社においては、会社法356条1項1号に基づく利益相反取引規制は及ばない。

　なお、Aが乙会社の支配人である場合には、乙会社の許可を受けなければ、①自ら営業を行うこと、②自己又は第三者のために会社の事業の部類に属する取引をすること、③他の会社又は商人の使用人となること、④他の会社の取締役、執行役又は業務執行社員となることができない（会社法12）。したがって、Aは、甲会社の取締役に就任の際に乙会社の許可を受ける必要があり（会社法12①四）、甲会社の取締役として甲会社のために競業取引を行う場合には乙会社の許可が必要となる（会社法12①二）。

(3) 他社の代表取締役を兼任している場合
①他社の代表取締役が１名のみの場合

　甲会社の取締役 A が、乙会社の代表取締役を兼任しており、乙会社の代表取締役が A のみである状況下で、乙会社が甲会社の事業の部類に属する取引を行うケースにつき検討する。

```
┌─────────┐                              ┌─────────┐
│ 甲会社  │                              │ 乙会社  │
└─────────┘                              └─────────┘
  取締役A                                   代表取締役A
```

(ⅰ)　甲会社における取締役会の承認の要否

　A は、乙会社の代表取締役であり、乙会社の代表権を有する。

　A が乙会社を代表して甲会社の事業の部類に属する取引を行う場合には、取締役が第三者である乙会社のために競業取引を行うことになるため、競業取引規制が及び、甲会社の取締役会の承認が必要となる。

　なお、競業取引が反復継続的に行われる場合には、包括的承認（前記 Ⅱ 2 ❹(1)①参照）を活用することが考えられる。

(ⅱ)　乙会社における取締役会の承認の要否

　甲会社において A は代表権を有しないため、乙会社の取締役 A は、第三者である甲会社のために競業取引を行うことにはならない。したがって、A 社の取締役であるという理由のみでは競業取引規制は及ばず、上記(1)(ⅰ)と同様の結論となる。

② 他社の代表取締役が複数の場合

　甲会社の取締役 A が、乙会社の代表取締役を兼任しており、乙会社の代表取締役に A 以外にも B がいる状況下で、乙会社が甲会社の事業の部類に属する取引を行うケースにつき検討する。

```
┌─────────┐                              ┌─────────┐
│ 甲会社  │                              │ 乙会社  │
└─────────┘                              └─────────┘
  取締役A                                   代表取締役A
                                           代表取締役B
```

(i)　甲会社における取締役会の承認の要否

　Aが乙会社を代表して甲会社の事業の部類に属する取引を行う場合には、上記(3)①と同じであり、競業取引規制が及び、甲会社の取締役会の承認が必要となる。

　これに対し、乙会社を代表するのがAではなくBであった場合には、甲会社の取締役Aが、第三者である乙会社のために競業取引を行うことにはならず、競業取引規制は及ばず、甲会社における取締役会の承認は不要ということになる。

　しかし、この場合であっても、乙会社を代表するのが誰であるかにかかわらず、代表取締役の地位にある者の影響力から競業取引規制を及ぼすべきとの考えも有力であり、実務上は、甲会社において競業取引規制が及びうるとして、取締役会の承認を得ておくのが適当であると考えられる。

(ii)　乙会社における取締役会の承認の要否

　上記(3)①の(ii)と同じである。

② 支配関係のある会社間（親子会社間）での兼任の場合

　グループ会社経営などの場合に、親会社の取締役が、親会社と同じ又は関連する事業を行う子会社の代表取締役等を兼任することがよくあるが、この場合に親子会社間で競業取引規制が及ぶかという問題がある。

　これは、親会社と子会社との間に実質的な利益の衝突があるかという問題に帰着し、基本的に上記Ⅲ 1 ⑤で述べた議論が当てはまると考えられるので、上記箇所を参照されたい。

Ⅳ　裁判例紹介

　以下、上記で引用した判例の中から重要なものにつき、ごく一部ではあるが参考として紹介する。なお、判決文中の下線は筆者によるものである。また、判決文中の「商法264条」は、競業取引規制を定めた会社法356条1項1号に相当し、「商法265条」は、利益相反取引規制を定めた会社法356条1項2号・3号に相当するものである。

参考●判例1

● 普通契約条款により定型化されている料金、条件等のもとにリース業者から賃借した物件をこれと同一内容の契約で会社に転リースする行為が、裁量の余地がないことから利益相反取引に該当せず取締役会の承認を要しないとした事例（東京地判昭 57.2.24・判タ 474 号 138 頁）

【判旨】

　「商法 265 条の立法趣旨からすれば、同条にいう取締役会の承認を要する取引とは、裁量によつて会社を害するおそれがある行為に限られると解すべきところ、〈証拠〉を総合すると、[Y 会社] は設立当初リース会社の信用が得られなかつたので、操業に必要な請求原因 1 記載のボイラー、水洗機、乾燥機を [X 会社] が [A 会社] から同社の普通契約条款（リース契約書）により定型化されている料金、条件等のもとに賃借したうえ、これらを [Y 会社] に右契約と全く同一内容の契約でリースしたことが認められ、右認定を左右するに足りる証拠はない。

　右認定の事実によれば、右 [X 会社] と [Y 会社] 間の右リース契約はいずれも亡 [B（筆者注：X 会社と Y 会社両方の代表取締役であった）] の裁量の余地がないから取締役会の承認を必要としないと解するのを相当とする。」

　「なお、[Y 会社] は、右の各取引について、[X 会社] の取締役会の承認も得ていないから無効である旨主張するが、商法 265 条は、取締役の忠実義務から派生した一種の不作為義務を定めたものと解すべきであるから、同条が会社の利益と取締役の利益が衝突する場合に、会社の利益を優先させ、これを保護することを目的とするものであつてみれば、同条違反を理由として取引の無効を主張することができるのは会社だけであつて、取引の相手方である第三者については、これを否定すべきものと解するのが相当である。」

参考●判例2

● 他社の取締役を兼任しておらず、かつ、過半数の株式を保有していない場合であっても、その他の事情を考慮して、当該他社の事実上の主宰者として経営を支配していると認め、競業避止義務違反及び利益相反取引違反を認定した事例（大阪高判平 2.7.18・判時 1378 号 113 頁）

【判旨】

（競業避止義務違反に関して）

　「[Y] は、昭和 54 年 3 月 1 日、[X 会社] の代表取締役に就任して以来現在まで、ワンマン社長として [X 会社] を経営してきたものであるが、昭和 55 年 11 月 15 日、自己に忠実な [X 会社] の管理職である [A] を [B 会社] の代表取締役に、[C]、[D] らを取締役にそれぞれ就任させ、その後 [B 会社] に対し、[X 会社] の機械設備の譲渡、従業員の出向、[X 会社]の従業員による [B 会社] のための営業活動、[B 会社] の商標の有償使用等人的物的援助を与え続け、[B 会社] を [X 会社] と競合する有力な会社に成長させたものであり、<u>たとい [Y] が [B 会社] の発行済株式の過半数を保有していないとしても、[B 会社] においては、[Y] に対抗し得る株式を保有する株主は他に存在せず、株主の大部分は少数の株式を保有する控訴人の従業員ばかりであり、株主総会も開かれておらず、[Y] に逆らう者もいない状況の下においては、[Y] が [B 会社] の事実上の主宰者として、その経営を支配してきたものと認めるのが相当である。</u>

　そうすると、[Y] は、少くとも昭和 56 年以降、[B 会社] のために、[X 会社]の営業の部類に属する取引をしてきたものであるというべきであり、右行為が [X 会社] に対する商法 264 条に定める競業避止義務に違反することは明らかである。」

（利益相反取引違反に関して）

　「[X 会社] 控訴人の代表取締役である [Y] は、<u>少くとも昭和 56 年以降、[B 会社] の事実上の主宰者としてこれを経営し、[X 会社] との間で取引を行ってきたものであると認められるから</u>、[Y] が商法 265 条に定める利益相反取引に違反したものであることは明らかである。」

参考●判例 3

> ●会社の代表取締役を被保険者、会社を保険契約者及び保険金受取人とする生命保険において、①保険契約者を会社から当該代表取締役個人に変更する行為、及び②保険金受取人を会社から当該代表取締役の配偶者に変更する行為が、いずれも利益相反取引に該当するとした事例（仙台高決平 9.7.25・判時 1626 号 139 頁）

【判旨】

（上記①に関して）

　「保険契約者変更の手続は、旧契約者と新契約者との間で、当該保険契約上の権利義務をそのまま旧契約者から新契約者に承継させることを内容とする合意であるとともに、新旧両契約者が保険者との間でも、それぞれ同様の内容の合意をすることを内容とするものと解することができる。したがって、この保険契約者変更の手続は、［X会社］の代表取締役としての［A］と個人としての［A］との間の合意、第三債務者と［X会社］の代表取締役としての［A］との間の合意、第三債務者と［A］個人との間の合意を含む行為ということになる。そして、［X会社］は、この手続により、保険金受取人の指定変更権や解約払戻金受領権等を含む保険契約者としての地位を失うことになる反面、代表取締役である［A］は、個人として保険契約者としての地位を取得し、右のように［X会社］が失った各権利やそれまで［X会社］が保険料を支払ったことによる利益を取得するのである。したがって、右保険契約者変更の手続は、会社である［X会社］と取締役であった［A］との利益が相反する取引であると解すべきであり、［X会社］の取締役会の承認がない以上、［X会社］は、相手方に対し、その無効を主張することができる。」

（上記②に関して）

　「前記保険金受取人変更の手続により、会社である［X会社］は、保険金受領権を失い、［A］の妻［B］がこれを取得することになる。これは、妻が夫と社会的経済的に同一の生活実態を有していることにかんがみれば、実質的に会社である［X会社］と取締役であった［A］との利益が相反する行為といわざるを得ない。」

　「もっとも、保険金受取人を変更する権利が留保された生命保険契約における保険金受取人を変更する旨の意思表示は、保険契約者の一方的な意思表示によって効力を生ずるものである（最高裁昭和61年（オ）第100号同62年10月19日第一小法廷判決・民集41巻7号1527頁参照）が、商法265条1項の取引とは、必ずしも契約に限られるものではなく、右のような単独行為について、その適用あるいは類推適用を排除するものではないと解すべきである。

　したがって、右保険金受取人変更の手続については、代表取締役である
［A］自身の取引と同視し得るものとして、商法265条1項を類推適用す
ることができるものと解すべきであり、［X会社］は、［B］に対し、その
無効を主張することができる。」

参考●判例4

- ●取締役が会社の全株式を所有している場合には、取締役と会社との間に
実質的に利害相反する関係はなく、両者間の取引には取締役会の承認を
必要としないとした事例（最判昭45.8.20・民集24巻9号1305頁）

【判旨】

　「本件売買契約締結当時には、［X会社］は株式会社の形態をとつている
とはいえ、その営業は実質上、［Y］の個人経営のものにすぎないから、［X
会社］の利害得失は実質的には［Y］の利害得失となるものであり、その
間に利害相反する関係はない。したがつて、［Y］がその所有の本件土地
を［X会社］に売り渡すことについて、両者の間に実質的に利害相反の関
係を生じるものではないというべきである。

　ところで、商法265条が、会社と取締役との間の同条所定の取引につい
て取締役会の承認を要するものとしている趣旨は、取締役個人と株式会社
との利害相反する場合において取締役個人の利益を図り、会社に不利益な
行為が行なわれることを防止するにあるのであるから、会社と取締役間に
商法265条所定の取引がなされた場合でも、前段説示のように、実質的に
会社と当該取締役との間に利害相反する関係がないときには、同条所定の
取締役会の承認は必要ないものと解するのが相当である。したがつて、［X
会社］とその取締役であつた［Y］との間になされた本件売買契約は、［X
会社］取締役会の承認の有無によつてその効力が左右されるべきものでは
ない。」

参考●判例5

- ●取締役と会社との取引が株主全員との合意によつてなされた場合には、
当該取引につき取締役会の承認は不要とした事例（最判昭49.9.26・民
集28巻6号1306頁）

【判旨】

「商法265条が取締役と会社との取引につき取締役会の承認を要する旨を定めている趣旨は、取締役がその地位を利用して会社と取引をし、自己又は第三者の利益をはかり、会社ひいて株主に不測の損害を蒙らせることを防止することにあると解されるところ、原審の適法に確定したところによると、[甲会社]から[X（筆者注：取締役）]への株式の譲渡は、[甲会社]の実質上の株主の全員である[A]ら前記5名の合意によつてなされたものというのであるから、このように株主全員の合意がある以上、別に取締役会の承認を要しないことは、上述のように会社の利益保護を目的とする商法265条の立法趣旨に照らし当然であつて、右譲渡の効力を否定することは許されないものといわなければならない。」

第2章 賃貸借・売買契約に対する改正債権法の影響

I はじめに

　民法のうち、債権関係の分野については、明治29（1896）年に民法が制定されて以来、120年ぶりに全体的な見直しを伴う改正がなされた。改正法は平成29（2017）年5月に成立し、令和2（2020）年4月1日から施行されている。

　本章では、貸借関係、売買関係の改正により、それぞれの契約関係にどのような影響が生じるのかを中心に解説していく。

II 債権法改正が貸借関係契約に与える影響

● 1 貸借に関する契約

　民法の下では、金銭を貸借する場合には消費貸借契約、不動産や動産等を貸借する場合には賃貸借契約という類型となる。

● 2 消費貸借契約の改正点

　消費貸借契約の改正点は、主として改正前民法下では明文化されていなかったルールを明確に条文化したという点である。

1 諾成的消費貸借契約の明文化

　改正前民法下では、消費貸借契約は要物契約とされていた。つまり、消費貸借契約の効力は、借主が貸主から金銭等を受領すること、実際に金銭等の授受があった時点で生じるということになっていた。

　もっとも、金銭等の授受があった時点のみを効力発生時期とするのは実務取引を事実上困難にしてしまう。そこで、改正前民法下でも判例においては、金銭等の授受がある前に、当事者の合意によって、消

費貸借契約が成立する、つまり、諾成的消費貸借契約をすることが認められていた。

　そこで、民法では、改正前民法下での判例法理であった諾成的消費貸借契約を明文化した（民法 587）。実務取引上、消費貸借契約の多くが諾成的消費貸借契約であったことから、実務に合わせた改正内容である。

２ 諾成的消費貸借契約の解除等の注意点

　民法において、諾成的消費貸借契約を明文化したことから、それに合わせて、金銭等の授受がある前に行う解除やそれに伴う損害についても整備している。

(1) 金銭等の授受をする前の解除

　諾成的消費貸借を締結した後に、借主が金銭等を貸借する必要がなくなった場合にも、合意したからといって、借主に無理矢理、金銭等を貸し付けるのは不当である。

　そこで、民法では、借主に対して、金銭等を受け取るまでの間、自由に契約を解除することができる権利を付与した。つまり、借主は、金銭等を貸借する必要がなくなった場合、金銭等を受け取るまでの間は、自分の都合だけで締結した契約を解除することができるのである（民法 587 の 2 ②）。

(2) 貸主の損害

　借主が自己都合で契約を解除した場合、貸主に損害が生じる可能性がある。民法では、借主にとって不必要な契約を解除する権限を認める一方で、解除によって損害を被る貸主を保護することも明文化した（民法 587 の 2 ②但書）。つまり、借主の契約解除により、貸主が損害を被った場合には、貸主は借主に対し、その損害賠償を請求することができることになる。

　もっとも、貸主に損害賠償請求権が認められるとしても、貸主が必ず損害賠償請求できるわけではない点に注意が必要である。

　例えば、貸主が金融機関であり、借主が消費者であるようなケースでは、借主が契約を解除したとしても、貸主はその金銭等を他に貸し付けるなど流用することができる。このような場合には、貸主と借主

との間で利息を支払う特約を付与していたとしても、貸主に損害が生じないと考えられる。

　損害の内容については、個別具体的に検討することになるが、損害として解釈できるのは、貸主が金銭等を調達するために支出した費用などに限られ、弁済期までの利息相当額が損害になると考えることはできない*1。

*1　筒井健夫・村松秀樹『一問一答 民法（債権関係）改正』294頁（商事法務）

❸ 消費貸借契約における利息の取扱い

　改正前民法下では、消費貸借契約を原則無償契約としており、利息についての規定は存在しなかった。

　もっとも、実務取引上では、利息付きの契約が主であるし、特約を付ければ利息を請求することができた。

　そこで、民法では、実務取引を反映し、消費貸借契約は原則無償であることを前提に、利息については特約がなければ請求することができない点を明文化した（民法588①）。特約を付けなければ、利息は発生しないことに注意すべきである。

　また、民法では、利息特約を付した場合、利息が発生する時期については、金銭等を受け取った日以後とする点も明文化した（民法588②）。利息発生時期についても、改正前民法下での判例法理を明文化したものである。

❹ 期限前の返済等

(1) 契約期間満了前の返済

　消費貸借契約において、返済期限を定めていたとしても、借主が返済期限前に返済したいと希望する場合には、返済することができる。もっとも、改正前民法下では、消費貸借契約についての期限前返済について明文がなく、民法136条の期限の利益を放棄する条項を準用して期限前返済が認められていた。

　民法では、消費貸借契約の条項として、返還時期の定めの有無にかかわらず、借主は貸主に対し、いつでも返済することができる点を明文化した（民法591②）。

(2) 貸主の損害

　借主の期限前返済が認められることにより、貸主は、弁済期までの利息を受け取ることができなくなる。改正前民法下では、利息付の金銭消費貸借契約については、民法136条２項を根拠に借主が弁済期前に金銭を返還した場合でも、貸主は借主に対して弁済期までの利息相当額を請求することができると解釈するのが一般的であった。

　しかしながら、法制審議会民法部会でもこれらについての議論があり、貸主が弁済期までの利息相当額を当然に請求することができるとするのは相当ではないという意見や、反対に、貸主が想定した利息を受け取ることができなくなることにより、貸付けのために支出した費用を賄うことができなくなるという意見などが出された[2]。

＊２　前掲＊１　299頁

　そこで、民法では、弁済期までの利息に着目するのではなく、実質的に期限前返済により貸主に損害が生じたかに着目し、期限前返済により、貸主が損害を受けたときは、貸主は借主に対し、その損害賠償を請求することができるとした（民法591③）。

　貸主の損害については、個別具体的事案により異なるが、金銭については他に運用することができることが多いため、例えば、事業者間の取引であって期限前に返済を受けたとしても金銭を再運用することが実際上困難である場合、契約満了まで利息を支払うことを前提として利率を低く抑えていた場合などに限られるものと考えられる[3]。

＊３　前掲＊１　300頁

● 3 ┃ 賃貸借契約の改正点

■1 改正の影響

　賃貸借契約の改正点は多岐にわたるが、主な改正点は、改正前民法下で明文化されていなかったルールを明確にした点、取引の実情に応じて変更した点などである。

　もっとも、建物所有を目的とする土地や建物の賃貸借については借地借家法が適用されるため、期間や更新等の効力については債権法の改正によっても直接的な影響はないが、それ以外の部分については影

響する。また、賃貸借契約では、連帯保証人が存在する場合が多いため、保証についての改正点も影響する。

2 賃貸借期限の伸長

改正前民法における賃貸借契約期間は、最長で20年とされていた。賃貸借契約の存続期間が長期化すると、目的物の損傷や劣化、毀損などが著しくなり、社会経済上の不利益を生じるおそれがあったからである。

しかしながら、ゴルフ場、太陽光発電所の設置などを目的とする場合、20年では足りないという状況が発生し、時代の変化とともに賃貸借期間の上限を見直す必要が生じた。

そこで、民法では、賃貸借契約の契約期間の上限を50年に伸長したものである（民法604）。

なお、建物所有を目的とする土地賃貸借や建物賃貸借においては借地借家法が適用されることから、本条の規定は適用されない。

3 賃貸人たる地位の移転等に関する改正点

改正前民法では不動産の賃貸借について、賃貸人の地位が移転した場合の法律関係について明文上は明らかではなかった。改正法では、判例法理をもとに整理し明文化した。ただ、賃貸人たる地位の留保を定める規定が新設されているため、この点は注意が必要である。

(1) 賃貸人たる地位の移転

民法では、不動産賃貸借の登記（民法605）、借地権者が土地上に借地権者所有の登記がなされている建物を所有するとき（借地借家法10）、賃借人が建物の引渡を受けているとき（借地借家法31）など、賃借人が賃貸借の対抗要件を備えている場合には、その不動産が譲渡されたときは、賃貸人たる地位は譲受に移転することが明文化された（民法605の2①）。

このとき、譲受者が賃貸人たる地位の移転を賃借人に対抗するためには、譲受人が所有権移転登記をしなければならないが、譲受人が所有権移転登記をしていれば、賃借人の承諾なく賃借人に対し賃貸人たる地位を対抗することができる（民法605③）。

賃貸人たる地位が移転した場合、賃借人による費用の償還請求（民

法 608）や敷金の返還債務（民法 622 の 2）についても譲受人に承継される（民法 605 ④）。仮に、未払賃料などが発生していた場合は、敷金を充当するなど対応する場合には事前に合意するなどの対応が必要となるので注意が必要である。

(2) 賃貸人たる地位の留保

　不動産の譲渡人と譲受人が、賃貸人たる地位を譲渡人に留保すること、及びその不動産を譲受人が譲渡人に賃貸することを合意したときは、賃貸人たる地位は譲受人には移転しない（民法 605 ②前段）。これは、賃貸不動産を譲渡しても賃貸人たる地位を移転させたくない場合があり、このような実務上の要請を受けて明文化されたものである。

　賃貸人たる地位が譲渡人に留保された場合、譲渡人と譲受人の賃貸借契約が終了したときは、賃貸人たる地位は譲受人に移転することになる（民法 605 ②後段）。

4 賃貸借物の修繕

　民法では、賃貸借物の修繕について賃借人に修繕権限を認めるなど、修繕対応について明確化した。

(1) 賃貸人の修繕

　賃貸借物の修繕については、所有者である賃貸人が修繕義務を負う（民法 606 ①）。これは改正前民法でも同様である。

　もっとも、民法では、賃借人に帰責事由がある場合には、賃貸人は修繕義務を負わないことも明文化している（民法 606 ①但書）。

(2) 賃借人の修繕

　改正前民法では賃借人の修繕権限について明確な規定がなかった。そこで民法では、賃借人の修繕権限を明確化した。もっとも、無条件に賃借人の修繕が認められるわけではなく、賃貸人の所有者である利益を勘案しつつ、賃借人が修繕の必要性を賃貸人に通知したとき、又は賃貸人が修繕の必要性を知っていたにもかかわらず相当期間内に修繕しないとき、又は急迫の事情があるときという要件が定められている（民法 607 の 2 ②）。

5 原状回復

　改正前民法では、条文上、賃借物に生じた損傷、通常の使用によっ

て生じた損耗、経年劣化などの取扱が必ずしも明確ではなかった。判例法理や国土交通省からのガイドラインが存在していたが、トラブル事例が多く発生していた。

そこで民法において、賃借物の引渡を受けた後に生じた損傷について、賃貸借終了時に原則として賃借人にその損傷を回復する義務があることを明文化した。同時に、通常損耗や賃借物の経年変化は、原状回復義務の対象である損傷に該当しないことも明文化した（民法621）。

なお、本条は任意規定であるから賃貸借契約の当事者で異なる取決めをすることは可能である。

6 敷金

敷金は、賃貸借契約において重要な役割を有していたが、改正前民法では明確な規定が存在していなかった。

そこで、民法では、敷金の定義や敷金返還請求権の発生時期や請求範囲を明文化した（民法622の2）。

敷金の定義としては、いかなる名目によるかを問わず、賃料債務その他の賃貸借に基づいて生ずる賃借人の賃貸人に対する金銭の給付を目的とする債務を担保する目的で、賃借人が賃貸人に交付する金銭としている。名目が保証金でなどであっても、この定義に該当する内容で交付された金銭については本条が適用されることになる。

そして、賃貸人の敷金返還債務の発生時期については、①賃貸借が終了し、かつ、賃貸物の返還を受けたとき、又は、②賃借人が適法に賃借権を譲り渡したときとしている。これは、判例法理を明文化したものであるが、賃貸物の返還と敷金返還債務は同時履行の関係にはないため、紛争を防止するためには、返還時期の目安を賃貸借契約書に明記しておいた方が良い。

また、賃借人が賃借人の債務を負担しない場合、賃貸人としては他の債権者に先立ち敷金から優先弁済が受けられること、他方で賃借人から敷金を弁済に充当できないことも定められている（民法622の2②）。これらも判例法理を明確化したものである。

７ 連帯保証人

　賃貸借契約において重要な要素ともいえるのが連帯保証人の規定である。

　賃貸借契約の連帯保証は根保証という形態となる。根保証とは、債権者と主たる債務者との間の継続的な契約関係から現在及び将来発生し、消滅する複数の債権を包括的に保証するものである。

　改正前民法では、このような根保証について、貸金等根保証契約に関しては、保証債務の上限（極度額）を定めるなどの規定が存在していたが、賃貸借契約のような貸金等以外の根保証については規定が存在していなかった。つまり、賃貸借契約の連帯保証人が負担すべき保証債務の範囲は、賃借人が負担する全ての債務となり、連帯保証債務を締結した時点で、連帯保証債務の限度額が不明であるため、連帯保証人としては、予期しない債務を負担しなければならない状態にあった。

　そこで、民法では、貸金等の根保証に限らず、すべての根保証について、保証契約締結時に、保証人が負担する保証債務の限度額（極度額）を定めなければならず、極度額を定めない保証契約は無効とされることとなった（民法465の2）。なお、この規定は保証人が個人の場合に限られ、法人が保証人である場合には適用されない。そのため、民法改正後の現状を見ると、賃貸借契約を締結する際、貸主側は従来のように個人の連帯保証人を求めるより、保証会社を活用することが多くなっている。

Ⅲ　債権法改正が売買関係契約に与える影響

●1　売買

　動産や不動産などの財産権の売買については、売買契約に関する条項が適用される。他方で、債権の売買については、債権譲渡の改正が影響する。

● 2 ｜ 売買契約

1 売買契約の改正点

売買契約の改正点は、判例法理を明文化したものの他、買主の救済手段について整理している。特に売主の担保責任においては瑕疵という文言が削除され、契約の内容に適合するのかに着目して整理がなされている。

2 手付け

実務でも多く使われている売買における手付けについて、改正前民法でも規定されていたが、条文からは要件や効力が明確ではなく判例法理で確立されていた。

そこで、民法では、この判例法理を前提に条文上も要件や効力を明確化している。

まず、手付けが交付された場合、解約手付けであることを前提に、相手方が履行に着手した後は手付け解除ができないこと、売主が手付け解除をするためにはその倍額を現実に提供することで解除することができることを明文化した（民法557）。なお、買主が解除するには、手付けを放棄すればよいのであって、この点は改正前民法でも規定されていた。

手付けについての改正点は従来の判例法理の明確化であるから実務に与える影響は少ない。

3 売主の担保責任

改正前民法との大きな違いは、売主の義務や担保責任の範囲である。改正前民法では契約内容に適合するかという点は、条文では意識されていなかった。

しかしながら、当事者間の売買契約において重要な要素は、その契約内容に適合している物を売主が引き渡すことができるかである。

そこで、民法では、契約内容に着目し、売主が契約内容に適合した物、権利を引き渡す義務を負っていることを前提に改正がなされた（民法562①、565）。そのため、改正前民法と比べて、契約内容を具体的に明らかにすることがより重要な要素となっている。

(1) 担保責任の性質

改正前民法は、「売買の目的物に隠れた瑕疵があったとき」（旧民法570）に買主は損害賠償請求及び契約解除ができるとされていたが、これらの救済手段については、学説において法定責任説と契約責任説とで対立があり、判例の立場も必ずしも明確ではなかった。

そこで民法では、契約内容に着目すべきという観点から、売主の担保責任についても、契約内容に適合しているか否か、という観点から判断されることになった。特定物売買であるか不特定物売買であるかを区別することなく、売主は一般的に種類、品質及び数量に関して売買契約の内容に適合した目的物を引き渡す債務を負うことを前提に、引き渡された目的物の種類、品質及び数量に関して契約の内容に適合しない場合の買主の救済方法を明確化した。また、引き渡された目的物が契約の内容に適合していない場合には、債務は未履行である（いわゆる契約責任説）とし、債務不履行一般的な規律がそのまま適用されることになった。

そのため、売主が契約内容に適合しない物や権利を引渡してしまった場合には、買主は、売主に対し債務不履行責任に基づく損害賠償請求や解除をすることができる（民法564）。

(2) 買主の追完請求権

買主は売主から契約内容に適合しない物や権利を引き渡された場合には、売主に対し追完請求をすることができる。

民法では、この追完請求のルールを明確化している。

まず、買主が請求できる追完方法は、①目的物の修補、②代替物の引渡し、③不足分の引渡しのいずれかである（民法562①）。また、買主は、相当期間を定めて追完の催告をしても売主が追完しないときは、代金減額の請求をすることもできる（民法563）。買主は代金減額を請求することもできるが、あくまで売主が追完をしないときに限られる。

他方で、買主は、①～③のいずれかを選択して売主に請求することができるが、この場合、売主は、買主に不相当な負担を課すものでなければ、買主が請求した方法と異なる方法で追完することができる（民

法562②)。つまり、買主に不相当な負担が生じない場合であれば、売主が追完方法を選択することができる。

(3) 担保責任の免除

改正前民法と同様に特約を設けることによって売主の担保責任を免除することができる（民法572)。

これに関連して、目的物の引渡しについて「現状有姿」を前提に引き渡した場合、これをもって売主の担保責任の免除と捉えられるであろうか。

確かに、民法では契約内容に適合するか否かの観点から、売主は担保責任を負担することになるため、契約内容において「現状有姿」となっていれば、目的物の引渡しで売主の義務は履行されたことになり、担保責任を負担しないという解釈もあり得る。

しかしながら、どのような内容が「現状有姿」なのかという点が契約内容を解釈する上で重要になるため、契約内容に適合しない現状有姿の状態も考えられる。

そのため、この担保責任を明確に免除するには、やはり免除する特約を定める必要がある。

(4) 請求期間

買主が、追完請求、代金減額請求、損害賠償請求、解除をする場合には、その不適合を知った時から1年以内にその旨を売主に通知しなければならない（民法566)。

改正前民法下における判例では瑕疵担保責任の請求について、「売主に対し具体的に瑕疵の内容とそれに基づく損害賠償請求をする旨を表明し、請求する損害額の根拠を示す」必要があるとされていた（最判平4.10.20)。民法では、通知内容については、不適合の種類とその大体の範囲で足りるとされているため、改正前より期間制限は緩やかになったといえる。

4 錯誤

改正前民法では、「法律行為の要素に錯誤」がある場合に、契約が無効になるとされていた（旧民法95)。しかしながら、法律行為の要素という判断が分かりにくい。また、無効としながらも、表意者のみ

が無効を主張できる点や、詐欺の意思表示の効果が取消しであることから、錯誤の効果を無効とする点に疑義が生じていた。

　そこで、民法では、法律行為の要素の内容を明文化し、法律行為の目的及び取引上の社会通念に照らして重要なものであるときと規定され、かつ、その効果については、取消しであることが明文化された。錯誤については、取引上の社会通念や、契約に至った目的、契約内容に着目して判断されることになる（民法95①）。

　また、動機に錯誤がある場合については、「その事情が法律行為の基礎とされていることが表示されていた」場合に限り、錯誤取消しできることが明文化された。

　このように錯誤の判断基準については、契約の内容が重視されることになるため、取引目的等を契約書の内容として明確にしておくことが重要となる。

● 3 ｜ 債権譲渡

■ 債権譲渡の改正点

　債権譲渡の改正点は、実務でも多くみられる譲渡制限特約について条文が整理された。そのほか、将来債権の譲渡、債権譲渡に伴う抗弁権、相殺との関係についても整理された。

■ 譲渡禁止特約

(1) 譲渡制限及び債務者の抗弁権

　債権は譲渡することができるのが原則であるが、当事者間において譲渡を制限することが可能である（民法466①）。

　改正前民法では、当事者間で譲渡を制限した場合に、その合意に反する債権者の債権譲渡は無効であるとされていた。つまり、債権譲渡の制限の合意は、債権譲渡禁止特約とされていた。

　しかしながら、債権譲渡が無効とされることによって中小企業等が自社の債権を譲渡して資金調達を行うことの妨げになっていたことが指摘されていた。そのため、民法では、債権譲渡の有用性から、当事者間において債権譲渡を制限した場合であっても、その合意に反する債権者の債権譲渡は有効であるとされている。民法では譲渡禁止特約

ではなく譲渡制限特約とされている（民法466②）。改正前民法との大きな違いがこの点である。

　譲渡制限特約があっても債権譲渡が有効とされることから、譲渡制限特約付の債権が譲渡された場合、債権者は譲渡人ではなく譲受人となる。もっとも、譲受人が譲渡制限特約について悪意又は重過失であった場合には、債務者は譲受人からの履行請求を拒絶することができ、譲渡人に対する弁済等で債務の消滅を主張することができる（民法466③）。

(2) デッドロック状態の解消

　譲渡制限特約について、譲受人が悪意又は重過失である場合には、債務者は譲受人からの弁済を拒絶する抗弁権を有する。加えて、債権譲渡により債権者が譲受人となっているため、債務者は譲渡人からの請求を拒絶することもできる。つまり、債務者は譲渡人、譲受人いずれからの請求であっても弁済を拒絶することができることになってしまい、いわゆるデッドロック状態になってしまう。

　民法では、このようなデッドロック状態を解消するため、譲受人が債務者に対し、相当期間を定めて譲渡人に支払うよう催告をし、その催告期間内に債務者が支払をしない場合、債務者は譲受人に対し、譲渡制限特約を対抗することができなくなる。つまり、譲受人が譲渡制限特約について悪意又は重過失であったとしても、債務者は譲受人に譲渡制限特約を対抗できない結果、その譲受人に弁済しなければならないということになる（民法466③）。

(3) 今後の影響

　改正前民法では、譲渡制限が付された債権譲渡は無効であることから、このような債権を譲渡することが債権者との関係で特約違反に基づき契約を解除されるリスクがあった。

　しかし、民法では、譲渡制限特約付債権の譲渡も有効であり、かつ、悪意の譲受人に対する債権者の保護にも配慮される規定となっている。また、債権譲渡によって債権者の具体的な損害を観念することも困難であり、譲渡人が債権者に対し損害賠償責任を負うことには直ちに繋がらない。そのため、今後は、譲渡制限特約付の債権譲渡をした

ことによって債権者による契約解除や取引関係の打切り等を行うことは、権利濫用にも当たりうると思われる。すなわち、今後は、債権の自由な譲渡や担保化を認めていくような実務慣行が形成されていくと思われるため、今までに比べると実務に与える影響は大きい*4。

＊4　中田裕康他『講義 債権法改正』221-222頁（商事法務）

③ 将来債権の譲渡

改正前民法では、将来発生する債権を売買等によって譲渡し、又はこれを担保に供する目的で譲渡することが認められるかについて、条文上明確ではなかった。

もっとも、将来的な収入源である売掛債権等を担保に資金調達をする点は、企業にとって有益な手段となっている。

そこで、民法では、このような将来債権の譲渡が可能であることを明らかにする旨の規定を新設した。この場合の対抗要件については、既に発生している債権の譲渡と同様の方法によって対抗要件を具備することになる（民法467）。

なお、将来債権譲渡においては、譲受人が対抗要件を具備した後に債権者債務者間で債権譲渡制限特約を付しても譲受人には対抗することができない。また、譲受人が対抗要件を具備する前に債権譲渡制限特約が付された場合には、譲受人はこの特約を知っていたものとみなされるため、悪意の譲受人とされ、債権者は譲受人に対し、履行を拒絶することができることになる（民法466の6③、466③）。

④ 債権譲渡に伴う抗弁権

改正前民法では、債務者が異議をとどめないで債権譲渡の承諾をしたときは、債務者は、譲渡人に対抗することができた事由であっても、これをもって譲受人に対抗することができないとされていた（旧民法468①）。

しかしながら、単に債権譲渡されたことを認識した旨の通知を債務者が行っただけで異議をとどめない承諾とされ、抗弁権が切断されてしまうことにもなりかねず、債務者にとって予想外な事態が生じるおそれがあった。

そのため、民法では、異議を止めない承諾の制度を廃止し、抗弁の

切断については、抗弁を放棄するとの債務者の意思表示を要することとなった。

5 債権譲渡と相殺

改正前民法では、債務者は、債権譲渡通知を受ける時までに譲渡人に対して生じた事由をもって譲受人に対抗することができるとされていた（旧民法468②）。

しかし、譲渡通知の時点での、相殺できる条件、内容、相殺対象となる債権の弁済期の前後などについて、解釈上争いがあり明確ではなかった。特に相殺対象となる債権の弁済期について問題となっていた。

そこで、民法では、債権譲渡について、債務者対抗要件が具備されるよりも前に債務者が取得した譲渡人に対する債権であれば相殺することができ、かつ、それぞれの債権の弁済期の前後も問わないとされた（民法469①）。

また、譲受人が債務者対抗要件を具備した時点よりも後に債務者が取得した譲渡人に対する債権であっても、①対抗要件具備時より前の原因に基づいて生じた債権、又は②譲受人の取得した債権の発生原因である契約に基づいて生じた債権について相殺が可能であると規定された（民法469②）。

①、②それぞれについてみていくと、次のようになる*5。

① 対抗要件具備時より前の原因に基づいて生じた債権とは、例えば、賃貸借契約により発生する賃料債権などである。賃貸借契約の締結が対抗要件具備前であれば、対抗要件具備後に発生する賃料債権も相殺の対象債権となる。

② 譲受人の取得した債権の発生原因である契約に基づいて生じた債権とは、次のような場合である。例えば、AB間で商品甲についての継続的売買契約が締結され、その契約に基づく将来発生する売買代金がAからC譲渡され、債権譲渡の対抗要件が具備されたとする。その後、AB間で商品甲の個別契約が締結され売買代金が発生したが、その商品甲に契約不適合があることが判明された。この場合、BはAに対する契約不適合に基づく損害賠償請求権を有することになる。この損害賠償請求権が「債権の発生

原因である契約に基づいて生じた債権」に該当する。すなわち、この場合、BはAに対して有する損害賠償請求権を自働債権として、売買代金と相殺をすることができるようになる。

＊5　前掲＊1　181-182頁

Ⅳ　関係者間取引における債権法改正の注意点

　上記のとおり、契約を締結する際には、債権法の改正の影響を考える必要がある。

　消費貸借契約などは、従来から諾成契約を締結することもあったことや、要物契約については従来と同じであることから、従来の契約を大幅に変更する必要はないと思われる。期限前返済が考えられる場合には、損害の条項を意識することも有益であろう。

　賃貸借契約においては、特に、連帯保証人に関する条項に注意を要する。原状回復については、従来の契約においても同様であるが、賃借人が行うべき原状回復の範囲はできる限り明確にすべきである。

　売買契約については、担保責任の記載内容に注意すべきである。契約内容に着目した責任になることから、どのような契約内容であるかを明確にすることは、今まで以上に求められる。

　債権譲渡については、譲渡される債権が発生する契約において、債権譲渡を認めるか否かを明記する必要がある。これは従来の契約でも同じであるが、債権譲渡契約を締結する前に債権譲渡が制限されているかを確認しておくことが必要である。債権譲渡制限特約がついている場合には、改正前民法と同じ結論にならない可能性もあるため、注意が必要である。

第2部

関係者間取引の税務

第1章 不動産の貸借

Ⅰ はじめに

　同族会社において、社長が所有する土地や建物を会社に賃貸することや、その逆で会社が所有する建物を役員が使用するような場合が考えられる。また、関係会社間で土地や建物等の不動産の貸借を行う場合も考えられる。

　このように、関係者間における不動産の賃貸の場合には、第三者への賃貸や第三者からの賃借の場合と異なり、税負担を軽減すること等を目的にその賃貸借契約に恣意性が介入する可能性を考慮し、一定の制限が課税上設けられている。

　何の関係もない第三者との間で取引をするよりも安心して取引できる一方で、上記のような課税上の制約もあることから、契約段階できちんと対応しておくことが必要となる。

　そこで、本章では、関係者間で建物と土地を貸借した場合の税務上の取扱いについて検討する。

Ⅱ 建物を貸借した場合の取扱い

　会社・役員間、又は関係会社間で建物を賃貸した場合には、第三者との間で賃貸が行われた場合よりも低額又は高額で賃貸することが考えられる。課税上は、通常の賃貸料の額と実際の賃貸料の額との差額の取扱いを、どのようにするのかが問題となる。

　そこで、ここでは建物を関係者間で貸借した場合の課税上の取扱いについて整理する。

● 1 会社が役員に対して建物を賃貸した場合

会社が貸主で、役員が借主とする賃貸借を行った場合は、会社側で家賃収入が発生し、役員側は家賃支払いが発生する。

1 法人税における取扱い

会社側では、役員へ建物を賃貸したことによって発生した受取家賃は法人税における所得の計算上、益金の額に算入する（法法22）。

ただし、法人又は個人の事業の用に供する資産を専属的に利用することにより個人が受ける経済的利益の額は、その資産の利用につき通常支払うべき使用料その他その利用の対価に相当する額（その利用者がその利用の対価として支出する金額があるときは、これを控除した額）とする（法令84の2）と規定されていることから、例えば、役員に社宅として貸し付けている場合に、会社役員間での家賃の金額が、「通常の賃貸料の額」か否か、また、その床面積の広さによって取扱いが異なる。

2 所得税における取扱い

「通常の賃貸料の額」の家賃を支払った役員は、所得税法上、課税関係は生じないが、「通常の賃貸料の額」よりも高く家賃を支払っている場合には、会社側ではその差額について受贈益を計上することになる。他方、「通常の賃貸料の額」よりも低く家賃を支払っている場合には、その差額を役員に対する給与として認識することになる。そのため、会社側では定期同額給与として取り扱い、役員側では給与として取り扱うことになる。

3 役員に貸与した住宅等に係る通常の賃貸料の額

会社がその役員に対して貸与した住宅等（当該役員の居住の用に供する家屋又はその敷地の用に供する土地若しくは土地の上に存する権利をいう）に係る通常の賃貸料の額（月額ベース）は、次に掲げる算式により計算した金額とする（所基通36 - 40）。

$$\left\{ \begin{array}{l} \text{その年度の家屋} \\ \text{の固定資産税の} \\ \text{課税標準額} \end{array} \times 12\% \left(\begin{array}{l} \text{木造家屋以外} \\ \text{の家屋につい} \\ \text{ては}10\% \end{array} \right) + \begin{array}{l} \text{その年度の敷地} \\ \text{の固定資産税の} \\ \text{課税標準額} \end{array} \times 6\% \right\} \times \frac{1}{12}$$

※「木造家屋以外の家屋」とは、耐用年数省令別表第1に規定する耐用年数が30年を超える住宅用の建物をいう。なお、木造家屋とは、当該耐用年数が30年以下の住宅用の建物をいう（所基通36－40（注2））。

　ただし、役員が他から借り受けて貸与した住宅等で、その役員が支払う賃借料の額の50％に相当する金額が上記の算式により計算した金額を超える場合については、その50％に相当する金額を通常の賃貸料の額とする。

　会社が役員に家屋だけ又は敷地だけを貸与した場合には、その家屋だけ又は敷地だけで判断することになる（所基通36－40（注1））。

❹ 小規模宅地等に係る通常の賃貸料の額

　上記❸の住宅等のうち、会社が役員に貸与した家屋の床面積が132㎡（木造家屋以外の家屋については99㎡）以下である場合の「通常の賃貸料の額」は、上記❸にかかわらず、次に掲げる算式により計算した金額とする（所基通36－41）。

　なお、2つ以上の世帯を収容する構造の家屋については、1世帯として使用する部分の床面積で判断する。

$$\frac{\text{その年度の}}{\text{家屋の固定}} \times 0.2\% + 12円 \times \frac{\text{当該家屋の総床面積（㎡）}}{3.3（㎡）} + \frac{\text{その年度の敷地の固定}}{\text{資産税の課税標準額}} \times 0.22\%$$

　ただし、会社が役員に敷地だけを貸与した場合には、この取扱いは適用しない（所基通36－41（注））。

❺ 通常の賃貸料の額の計算に関する細目

●通常の賃貸料の額の計算に関する細目

　上記❸又は❹に該当する場合で、通常の賃貸料の額を計算する際に、次に掲げる場合に該当するときは、それぞれに掲げる方法によって通常の賃貸料の額を計算する（所基通36－42）。

①　例えば、その貸与した家屋が1棟の建物の一部である場合又はその貸与した敷地が1筆の土地の一部である場合のように、固定資産税の課税標準額がその貸与した家屋又は敷地以外の部分を含めて決定されている場合……当該課税標準額（上記❹により計算する場合にあっては、当該課税標準額及び当該建物の全部の床面

積）を基として求めた通常の賃貸料の額をその建物又は土地の状況に応じて合理的にあん分するなどによって、その貸与した家屋又は敷地に対応する通常の賃貸料の額を計算する。

② 住宅等の固定資産税の課税標準額が改訂された場合……その改訂後の課税標準額に係る固定資産税の第1期の納期限の属する月の翌月分から、その改訂後の課税標準額を基として計算する。

③ 住宅等が年の中途で新築された家屋のように固定資産税の課税標準額が定められていないものである場合……当該住宅等と状況の類似する住宅等に係る固定資産税の課税標準額に比準する価額を基として計算する。

④ 住宅等が月の中途で役員の居住の用に供されたものである場合……その居住の用に供された日の属する月の翌月分から、役員に対して貸与した住宅等としての通常の賃貸料の額を計算する。

6 通常の賃貸料の額の計算の特例

上記**3**又は**4**によって通常の賃貸料の額を計算する場合において、その住宅等が次に掲げるものに該当するときは、その使用の状況を考慮して通常の賃貸料の額を定める。この場合において、使用者である役員が当該住宅等につきそれぞれ次に掲げる金額をその賃貸料の額として徴収しているときは、その徴収している金額を当該住宅等に係る通常の賃貸料の額とする（所基通36－43）。

① 公的使用に充てられる部分がある住宅等の場合……上記**3**又は**4**により計算した通常の賃貸料の額の70％以上に相当する金額

② 単身赴任者のような者が一部を使用しているにすぎない住宅等の場合……次の算式により計算した金額以上の金額

$$\text{当該住宅等につき所基通36－40又は36} \atop \text{－41により計算した通常の賃貸料の額} \times \frac{50\,(\text{㎡})}{\text{当該家屋の総床面積}\,(\text{㎡})}$$

7 住宅等の貸与による経済的利益の有無の判定上のプール計算

使用者が住宅等を貸与した全ての役員（非課税とされる職務上必要な給付（所令21四）に規定する者を除く）からその貸与した住宅等の状況に応じてバランスのとれた賃貸料を徴している場合において、その徴収している賃貸料の額の合計額が役員に貸与した全ての住宅等

につき上記**3**から**6**までにより計算した通常の賃貸料の額の合計額以上であるときは、これらの全ての役員につき住宅等の貸与による経済的利益はないものとされるので（所基通36－44）、課税上は現物給与がなかったものとして取り扱う。

8 使用人に貸与した住宅等に係る通常の賃貸料の額の計算

使用者が使用人（公共法人等の役員を含む）に対して貸与した住宅等（当該使用人の居住の用に供する家屋又はその敷地の用に供する土地若しくは土地の上に存する権利をいう）に係る「通常の賃貸料の額」は、上記**4**に掲げる算式により計算した金額とする。

この場合に、その計算に関する細目については、下記**10**に該当する場合を除き、上記**5**の取扱いに準ずるものとする（所基通36－45）。

9 無償返還の届出がある場合の通常の賃貸料の額

使用者が役員等に対しこれらの者の居住の用に供する家屋の敷地を貸与した場合において、法人税基本通達13－1－7の規定により当該敷地を将来当該役員等が無償で返還することとしているときは、その土地に係る通常の賃貸料の額は、上記**3**、**4**、**6**及び**8**にかかわらず、相当の地代の額とする（法基通13－1－2、所基通36－45の2）。

10 通常の賃貸料の額の改算を要しない場合

●通常の賃貸料の額の改算を要しない場合

使用者が使用人に対して貸与した住宅等の固定資産税の課税標準額が改訂された場合であっても、その改訂後の課税標準額が現に通常の賃貸料の額の計算の基礎となっている課税標準額に比し20％以内の増減にとどまるときは、現にその計算の基礎となっている課税標準額を基として上記**8**の取扱いを適用できる。

この場合において、使用者が徴収している賃貸料の額が通常の賃貸料の額の合計額の50％相当額以上（所基通36－48）であるときは、使用人（非課税とされる職務上必要な給付（所令21四）に規定する者を除く）に貸与した全ての住宅等を一括して、又は1か所若しくは数か所の事業所等ごとの区分により、20％以内であるかどうかを判定できる（所基通36－46）。

11 相続税における取扱い

会社が役員に対して建物を貸している状態でその役員が死亡した場合には、その役員を被相続人とする相続が発生する。借家権が金銭等の授受を伴う取引慣行がある地域については、相続税においてその建物に対する借家権の評価が問題となる。

借家権の価額は、原則として次の算式により計算した価額によって評価することとされている（評基通94）。

借家権の価額＝家屋の評価×借家権割合×賃借割合

なお、上記算式における「借家権割合」及び「賃借割合」は、それぞれ次による。

① 「借家権割合」は、国税局長の定める割合による。
② 「賃借割合」は、次の算式により計算した割合による。

$$借地権割合＝\frac{Aのうち賃借している各独立部分の床面積の合計}{当該家屋の各独立部分の床面積の合計（A）}$$

ただし、借家権の評価において、この借家権が権利金等の名称をもって取引される慣行のない地域にあるものについては、評価を行わないため、相続税の課税対象から除かれる（評基通94但書）。

● 2 役員が会社に対して建物を賃貸した場合

役員が会社に対して建物の賃貸をした場合には、建物を借りた会社に支払家賃が発生し、建物を貸し付けた役員に不動産収入が発生する。その際に授受が行われる家賃の金額は、第三者に貸す際の標準の賃料が基準となるため、授受される賃料の金額が、標準の賃料に比べて高い場合と低い場合に課税上の問題が発生する。

1 法人税における取扱い

役員から建物を借りて家賃を支払った会社側では、その支払う家賃の金額が標準の賃料に相当する金額であった場合には、所得の金額の計算上、損金の額に算入する（法法22）。

ただし、その支払う家賃の金額が標準の賃料に比べて高い場合には、その差額は役員に対する給与と考えられるため、その差額は役員給与として課税される場合がある。また、役員給与とされた場合には、定期同額給与になるため、源泉徴収が必要となる。

（借）支払家賃　　　　　×××　　（貸）現金預金　　　　　×××
　　　役員給与　　　　　×××

他方、その支払う家賃の金額が標準の賃料に比べて低い場合には、その差額は役員から会社に対する受贈益になるが、法人税の所得の金額の計算上、借方の支払家賃と相殺されるため、課税上は特に問題は発生しない。

（借）支払家賃　　　　　×××　　（貸）現金預金　　　　　×××
　　　　　　　　　　　　　　　　　　　受贈益　　　　　　　×××

② 所得税における取扱い

建物を会社に貸した役員側では、所得税における取扱いは役員が貸している不動産の規模に応じて不動産所得、事業所得、雑所得とされ、所得区分が変わってくるだけである。

ただし、上記①の家賃の金額が標準の賃料に比べて高い場合には、役員給与とされる場合があるので、その場合には役員給与として所得税の課税が発生することになる。

③ 相続税における取扱い

役員が会社に建物を貸した状態で、その役員の死亡によって相続が発生した場合には、相続税の建物の評価が必要になる。その貸家の価額は次の算式によって計算した金額により評価する（評基通93）。

評基通 89≪家屋の評価≫、89−2≪文化財建造物である家屋の評価≫又は前項の定めにより評価したその家屋の価額（A）−A×評基通 94≪借家権の評価≫に定める借家権割合×評基通 26≪貸家建付地の評価≫の⑵の定めによるその家屋に係る賃貸割合

● 3 関係会社間において建物を貸借した場合

① 原則的な取扱い

関係会社間で建物を賃貸した場合は、その賃貸料が適正金額であれ

ば、貸した法人では受取家賃を益金の額に、借りた法人では支払家賃を損金の額に算入することになる（法法22）。

　なお、賃貸料が適正金額ではなく、実際に授受が行われる家賃と適正な家賃とに差額が発生した場合には、寄付金と受贈益として取り扱うことになる。例えば、適正な家賃よりも実際に支払う家賃の金額が高い場合には、支払った法人側で寄付金を計上し、受け取った法人側で受贈益を計上することになる。また、家賃がゼロの場合も同様に取り扱う。

　寄附金に該当した場合には、寄附金の損金算入限度額を超える寄附金の額は、損金の額に算入されない（法法37①、法令73①、法規22の4）。

＜借りた法人側＞

| （借）支払家賃 | ××× | （貸）現金預金 | ××× |
| 寄付金 | ××× | | |

＜貸した法人側＞

| （借）現金預金 | ××× | （貸）受取家賃 | ××× |
| | | 受贈益 | ××× |

② グループ法人税制が適用される場合

　完全支配関係がある法人間で土地を賃借した場合には、グループ法人税制の適用がある。

　グループ法人税制が適用される法人間の場合では、上述の場合と同様に、寄附金と受贈益がそれぞれの法人で計上されることになるが、その全額が損金不算入と益金不算入として処理されることになる（法法25の2①、37②）。

Ⅲ　土地を貸借した場合の取扱い

　土地を賃借する場合において、土地を借りただけでその土地を使用しないことは考えにくいので、一般的には借りた土地に建物等を建てて使用することが想定される。土地を借りた借主が、その借りた土地の上に建物を建てると借地権（旧借地法における借地権又は借地借家法における借地権）が発生する。

関係者間でも土地の賃貸があった場合には借地権が発生するため、この取扱いをめぐって課税上の問題が発生する。

ここでは、関係者間において土地が賃借された場合に発生する借地権の課税関係について検討する。

● 1 │ 役員が会社に対して土地を貸し付けた場合

関係者間で土地を賃貸した場合、借地権が発生するが、その際にその契約内容によって課税上の取扱いが異なる。その契約内容によって、①通常の権利金を支払った場合、②通常の権利金を支払っていなかった場合、③相当の地代を支払った場合、④無償返還の届出をした場合、の4つの場合が考えられる。

そこで、以下にそれぞれの場合の課税関係について整理する。

■ 通常の権利金を支払った場合

役員が会社に対して土地を貸し付けて、借地権の設定に当たり授受する権利金等の額が、対象とする土地の価額の2分の1を超える場合には、その権利金等の額が所得税の譲渡所得の金額となる（所令79①）。

なお、2分の1を超えない場合は不動産所得の収入金額となる（所法33括弧書き、所令79①、174①、所基通38－4）。

その場合の譲渡所得に係る取得費については以下の算式によって計算する（所令174、所基通38－4）。

$$\text{その借地権等を設定した土地の取得費(A)} \times \frac{\text{その借地権等の設定の対価として支払を受ける金額(B)}}{\text{B＋その土地の底地としての価額(C)}}$$

ただし、上記算式の底地が、当該土地が借地権等の設定の目的である用途にのみ使用される場合において、当該底地としての価額が明らかでなく、かつ、その借地権等の設定により支払いを受ける地代があるときは、その地代の年額の20倍に相当する金額とする（所令174①二）。

他方、土地を借りた会社側では、支払った借地権の対価として支払った権利金の額を帳簿価額にして借地権として資産計上する（法基通

7 − 3 − 8)。

2 通常の権利金を支払っていなかった場合

役員が会社に対して土地を貸し付けて、借地権の設定に当たり権利金等を授受がない場合には、その役員に対して何ら課税関係は発生しない。

他方、土地を借りた会社側では、通常の権利金を授受する取引慣行がある地域において権利金の授受がなかった場合には、その場合の権利金相当額の算定は、原則として、次の算式により計算した金額を借地人等に対して贈与（当該借地人等が当該法人の役員又は使用人である場合には、給与の支給とする）したものとして権利金の認定課税が行われる（法基通 13 − 1 − 3）。

土地を借りた会社側の仕訳は次のようになる。

（借）借地権　　　　　×××　　（貸）受贈益　　　　×××

$$権利金相当額＝土地の更地価格 \times \left(1 - \frac{実際に収受している地代の年額}{相当の地代の年額}\right)$$
$$- 実際に収受している権利金の額及び特別の経済的な利益の額$$

なお、通常の権利金及び相当の地代を支払っていない場合の権利金相当額の算式は、次のとおりである。

$$権利金相当額＝土地の更地価格 \times \left(1 - \frac{実際に収受している地代の年額}{相当の地代の年額}\right)$$

上記算式の「相当の地代の年額」は、実際に収受している権利金の額又は特別の経済的な利益の額がある場合であっても、これらの金額がないものとして計算した金額による（法基通 13 − 1 − 3（注1））。

また、上記算式により計算した金額が通常収受すべき権利金の額を超えることとなる場合には、当該権利金の額にとどめる（法基通 13 − 1 − 3（注2））。

ただし、この場合でも以下で解説する相当の地代を収受している場合及び「土地の無償返還に関する届出書」を提出している場合には、ここでの認定課税は行われない。

３ 相当の地代を支払った場合

　役員が会社に対して土地を貸し付けている場合で、借地権の設定に際し、通常権利金を授受する取引慣行がある地域において、権利金の支払いに代えて、その土地の価額に照らし使用の対価として相当の地代を授受しているときは、権利金に係る認定課税は行われず、通常の取引として取り扱われる（法令137）。

　すなわち、「相当の地代」は、借地権の価額が更地価額と等しくなる場合であるから、相当の地代の授受があるときは、借地権の価額がゼロとなり、法人側において権利金の認定課税は行われない。

　ここでの相当の地代は次の算式によって計算される（法基通13－1－2、タックスアンサー No.5732 「相当の地代及び相当の地代の改訂」）。

> 相当の地代の年額＝
> 　（土地の更地価額－収受している権利金等の額）×おおむね年６％

　他方、土地を貸した役員側では、地代を受け取っていることから、毎年、不動産所得の収入金額として取り扱う。

４ 土地の無償返還に関する届出書を提出した場合

　借地権の設定に際し、権利金等の授受の取引慣行がある地域において、通常の権利金の支払いを行わず、貸主である役員と借主である会社の連名で遅滞なく「土地の無償返還に関する届出書」を所轄税務署長に提出している場合には、借地権を設定した際の権利金の部分について認定課税は行われない。

　例えば、土地の価額が高い場合には地代も高くなることから、将来その土地を無償で返還することを定めて「土地の無償返還に関する届出書」を提出することができる。その場合、地代の授受に関して、法人側において、実際に支払われる地代が相当の地代よりも低かったとしても、結果として課税関係は生じない。

　他方、土地を貸している役員側では、受け取った地代の額が不動産所得として取り扱う。

５ 相続税の取扱い

　役員が会社に対して土地を貸し付けていたので、その役員が死亡し

た場合には、その役員の相続人が、借地権が設定されている土地を相続することになり、その土地の評価額が問題となる。

　この場合には、貸宅地として評価することになる（評基通25）が、その評価額の算定は、次の区分によってそれぞれ行うこととなる。借地権割合は財産評価基本通達27に定める割合をいう。

(1) 通常の権利金を受け取っていた場合

評価額＝自用地評価額×（1－借地権割合）

(2) 通常の権利金を受け取っていなかった場合又は通常の権利金に満たない額を受け取っていた場合（相当地代通達1）

$$評価額＝自用地評価額－自用地評価額×借地権割合 \times \left(1 - \frac{実際に収受している地代（年額）－通常の地代（年額）}{相当の地代（年額）－通常の地代（年額）} \right)$$

※通常の地代（年額）は、その地域における第三者間で支払われる金額を基準に計算するが、不明な場合は次の算式によって計算した金額とする。

相続発生前3年間の自用地評価額の平均額×（1－借地権割合）×6％

(3) 通常の権利金に満たない額の収受がある場合、かつ、相当の地代の授受がある場合（相当地代通達6(2)）

$$評価額＝自用地評価額－自用地評価額×借地権割合 \times \left(1 - \frac{実際に収受している地代（年額）－通常の地代（年額）}{相当の地代（年額）－通常の地代（年額）} \right)$$

　上記の算式により計算した金額が、自用地評価額の80％を超える場合には、自用地評価額の80％とする。

(4) 権利金を全く収受しない場合、かつ、相当の地代の収受がある場合（相当地代通達6(1)）

評価額＝自用地評価額×80％

(5) 相当の地代に満たない地代を収受する場合

$$評価額＝自用地評価額－自用地評価額×借地権割合 \times \left(1 - \frac{実際に収受している地代（年額）－通常の地代（年額）}{相当の地代（年額）－通常の地代（年額）} \right)$$

ただし、その金額が当該土地の自用地としての価額の100分の80

に相当する金額を超える場合は、当該土地の自用地としての価額の100分の80に相当する金額によって評価する。

なお、被相続人が同族関係者となっている同族会社に対し土地を貸し付けている場合には、43年直資3－22通達（「相当の地代を収受している貸宅地の評価について」）の適用がある。この場合において、同通達中「相当の地代」とあるのは「相当の地代に満たない地代」と、「自用地としての価額」とあるのは「地代調整貸宅地価額」と、「その価額の20%に相当する金額」とあるのは「その地代調整貸宅地価額と当該土地の自用地としての価額の100分の80に相当する金額との差額」と、それぞれ読み替えるものとする（相当地代通達7）。

(6) 土地の無償返還の届出書を提出している場合（相当地代通達8）

評価額＝自用地評価額×80%

ただし、この届出書を提出している場合であっても、使用貸借契約としているときは自用地評価額とする。

● 2 会社が役員に対して土地を貸し付けた場合

会社が役員に対して土地を貸し付けた場合にも借地権の問題が生じる。

1 通常の権利金を支払った場合

会社側では、借地権の設定により受け取った権利金の額を益金の額に算入するとともに、借地権の設定によって土地の価額が下落するため土地の帳簿価額について、次の算式により計算した金額を損金の額に算入する（法令138①）。

損金算入額＝土地の帳簿価額×借地権割合

他方、土地を借りている役員側では、借地権を権利金の額で買ったこととなり、この権利金の額は将来、借地権を譲渡した際の譲渡所得の取得費として取り扱われる。

2 通常の権利金を支払っていなかった場合

会社が役員に土地を貸し付けた場合で、相当の地代の授受がない場

合又は無償返還に関する届出書を提出していない場合は、会社側では授受すべき権利金相当額で認定課税が行われるとともに、その役員に対しては役員給与として課税上取り扱う。

　また、借地権の設定によって土地の価額が下落するため土地の帳簿価額について、上記**1**と同様に計算した金額を損金の額に算入する（法令138①）。

　他方、土地を借りた役員側では、権利金相当額については給与所得として課税される。

❸ 通常の権利金の支払いに代えて相当の地代を支払っている場合

　会社が役員に対して土地を貸し付けている場合で、借地権の設定に際し、権利金等の授受の取引慣行がある地域において、借地権の設定に当たり権利金等を収受しない代わりに相当の地代を授受する場合は、その授受する地代の額を受取地代として法人税における各事業年度の所得の計算上、益金の額に算入する。

　他方、会社から土地を借りた役員側では、地代の支払いをするだけで、一般的には別途課税関係は発生しない。

❹ 通常の権利金を支払わず、土地の無償返還の届出を提出している場合

　会社が役員に対して土地を貸し付けている場合で、借地権の設定に際し、権利金等の授受の取引慣行がある地域において、通常の権利金の授受を行わず、貸主である会社と借主である役員の連名で遅滞なく「土地の無償返還に関する届出書」を所轄税務署長に提出している場合には、借地権を設定した際の権利金の部分について役員から贈与があったものとして認定課税が行われる。

　例えば、土地の価額が高い場合には地代も高くなることから、将来その土地を無償で返還することを定めて「土地の無償返還に関する届出書」を提出することができる。その場合、地代の授受に関して、会社側において、実際に受け取る地代が相当の地代よりも低かった場合、その実際に受け取る地代の金額と相当の地代の差額が役員から会社に対する贈与として認識されるとともに、結果として課税関係は生じな

い。

　他方、土地を借りている役員側では、地代の認定課税相当額を給与の支給を受けたものとして給与所得として課税される。

5 相続税の取扱い

　会社から土地を貸している役員が死亡した場合には、相続人は借地権を相続することになるため、相続税ではその借地権の評価が問題となる。

　この場合には、その借地権の評価額の算定は、次の区分によってそれぞれ行うこととなる。

(1) 通常の権利金の授受がある場合（評基通27）

　　自用地評価額×借地権割合

(2) 通常の権利金の授受がない場合又は通常の権利金に満たない額を収受している場合（相当地代通達2）

$$評価額＝自用地評価額×借地権割合$$
$$×\left(1-\frac{実際に収受している地代（年額）－通常の地代（年額）}{相当の地代（年額）－通常の地代（年額）}\right)$$

(3) 通常の権利金の収受がない場合、かつ、相当の地代を収受する場合（相当地代通達1）

$$評価額＝自用地評価額×借地権割合$$
$$×\left(1-\frac{実際に収受している地代（年額）－通常の地代（年額）}{相当の地代（年額）－通常の地代（年額）}\right)$$

　ただし、権利金の収受がない場合に、地代の改訂をするときは、借地権価額はゼロとなる。

(4) 相当の地代に満たない地代を収受する場合（相当地代通達4）

$$評価額＝自用地評価額×借地権割合$$
$$×\left(1-\frac{実際に収受している地代（年額）－通常の地代（年額）}{相当の地代（年額）－通常の地代（年額）}\right)$$

(5) 土地の無償返還の届出書を提出している場合（相当地代通達5）

　この場合には、借地権の評価額はゼロとなる。

● 3 関係会社間において土地を貸借した場合

◼ 原則的な取扱い

　関係会社間であっても会社間で土地を賃借した場合は、その賃貸料が適正金額であればそれぞれ貸した会社では受取地代を益金の額に、借りた会社では支払地代を損金の額に算入することになる（法法22）。

　なお、賃貸料が適正金額ではなく、実際に授受が行われる地代と適正な地代との差額が発生した場合には、寄付金と受贈益として取り扱うことになる。例えば、適正な地代よりも実際に支払う地代の金額が高い場合には、支払った法人側で寄付金を計上し、受け取った法人側で受贈益を計上することになる。また、地代がゼロの場合も同様に取り扱う。

　寄附金に該当した場合には、寄附金の損金算入限度額を超える寄附金の額は、損金の額に算入されない（法法37①、法令73①、法規22の4）。

＜借りた会社側＞

　（借）支払地代　　　　　×××　　（貸）現金預金　　　　　×××
　　　　寄付金　　　　　　×××

＜貸した会社側＞

　（借）現金預金　　　　　×××　　（貸）受取地代　　　　　×××
　　　　　　　　　　　　　　　　　　　　受贈益　　　　　　×××

◼ グループ法人税制が適用される場合

　完全支配関係がある会社間で土地を賃借した場合には、グループ法人税制の適用がある。

　グループ法人税制が適用される会社間の場合では、上述の場合と同様に、寄附金と受贈益がそれぞれの法人で計上されることになるが、その全額が損金不算入と益金不算入として処理されることになる（法法25の2①、37②）。

第2章 不動産の譲渡

Ⅰ はじめに

　本章では、個人法人間及び法人間（完全支配関係法人間を含む）における有償での不動産の譲渡取引について取り上げ、個人間取引や無償の譲渡については除外する。

　本章の流れは、不動産を譲渡する場合の時価について述べた上で、同族会社における行為・計算否認規定の内容を確認する。そして、個人が不動産を譲渡する場合の課税関係の基本的内容を示した上で、個人が法人に譲渡するケースで時価との乖離があった場合にはどのような課税関係が生じるのかを整理する。

　次に、法人が不動産を譲渡する場合の基本的な内容を取り上げ、①法人から個人、②法人間、③完全支配関係法人間において時価と乖離して不動産を譲渡するケースの課税関係を確認する。

　最後に、不動産譲渡における消費税にも若干触れておきたい。

Ⅱ 不動産を譲渡する場合の時価

●1 各税法における時価

　自ら役員になっている法人に不動産を譲渡する場合は、契約自由の原則の下、時価とは乖離した金額で契約をすることも可能である。しかし、時価を念頭に置いて取引価額を決めないケースでは思わぬ課税関係が生じることがある。そのため各税法の時価に対する考え方を知っておきたい。

　個人法人間、法人間の有償での不動産譲渡の取引について取り上げているため所得税法・法人税法・消費税法上の時価について確認する。

なお、個人間における相続税法上の時価については取り上げない。

1 所得税法の時価

　所得税法は、資産の譲渡により収入として実現したキャピタル・ゲインに対してのみ課税することを原則としている。例外的に、所得税法 59 条 1 項 2 号は「個人から法人に対して著しく低い価額の対価として政令で定める額による譲渡があった場合には、その事由が生じた時に、そのときの価額に相当する金額により譲渡があったものとみなす」旨、規定しており「そのときの価額に相当する金額」がいわゆる「時価」であるといえる。「そのときの価額に相当する金額（時価）」の算定について所得税法上の明確な規定はないが、裁判例等では次のように示している。

　「所得税法 59 条 1 項所定の『その時における価額』とは通常の取引価額と解される」（東京地判平 2.2.27・税資 175 号 802 頁）とするものや「一般的に財産の時価とは、それぞれ財産の現況に応じ、不特定多数の当事者間で自由な取引が行われる場合に通常成立すると認められる価額、すなわち、主観的な要素を排除した客観的な交換価値をいうものと解される」と判示するものがある（平 16.3.8 裁決・裁決事例集 No.67 350 頁）。

　また、相続税の財産評価が譲渡所得の対象資産の評価にそのまま適用できるかという点については上記の東京地裁判決では「相続税は相続等による財産の取得に担税力を認めて課税するものであって、課税所得に対する課税とは対象、目的を異にするものであるから、譲渡所得の資産評価において相続税の財産評価基準によることは適当ではない」と判示されている。

2 法人税法の時価

　法人は一般的に営利を目的とする活動を行っているため、法人が行う取引は基本的に「時価」で行われるのが前提である。

　法人税法 22 条の 2 第 4 項では「益金の額に算入する金額は、別段の定め（22 条 4 項を除く）があるものを除き、その譲渡をした資産の引渡しの時における価額又はその提供をした役務につき通常得べき対価の額に相当する金額とする」と定めており、この「通常得べき対

価の額」とは時価を意味していると解される*1。また、法人税基本通達2－1－10においては、この対価について「原則として資産の販売等につき第三者間で取引されたとした場合に通常付される価額をいう」と規定している。

＊1　金子宏『租税法＜第24版＞』（弘文堂）364頁

❸ 消費税法の時価

　課税資産の譲渡等に係る消費税の課税標準は、課税資産の譲渡等の「対価の額」である（消法28①）。この「対価の額」につき消費税法基本通達10－1－1は「課税資産の譲渡等を行った場合の当該課税資産等の価額をいうのではなく、その譲渡等に係る当事者間で授受することとした対価の額をいう」としており、実際に受領した対価の額であり必ずしも時価とは限らない。つまり、時価と乖離した取引価額で課税資産を譲渡したとしても基本的に課税標準を時価に引き直すことはない。

　ただし、例外として法人からその役員に対して著しく低い価額による課税資産の譲渡があった場合には、実際に役員から受領した金額ではなく、「その譲渡時におけるその資産の価額」いわゆる時価に相当する金額を課税標準として消費税が課税されることになる（消法28①但書）。

●2 ┃ 土地と建物の時価の算定方法

　各税法における時価の考え方をみてきたが、不動産（土地・建物等）の具体的な時価の算定方法は一つに限らず次のようなものがある。

❶ 土地の場合

（1）実勢価格を基礎とした算定方法

　実勢価格（実際に土地が売買された時の価格）を基に算出する方法である。過去の実勢価格は、国土交通省が公表している「取引価格情報検索*2」で調べることができる。

＊2　国土交通省 土地総合情報システム Land General Information System
　（https://www.land.mlit.go.jp/webland/servlet/MainServlet）

⑵ 取引実例を基礎とした取引事例比較法による算定方法

　「物件の取引に関して時間的、場所的同一性及び用途的同一性の点で可及的に類似する取引事例に依拠し、それを比準して算定する*3」方法である。直近の近隣事例で類似した物件があれば時価相当額の算定の際に参考になる。

＊3　平成 16 年 3 月 8 日裁決、裁決事例集№. 67、350 頁

⑶ 公示価格による算定方法

　公示価格とは、地価公示法に基づいて、国土交通省土地鑑定委員会が、適正な地価の形成に寄与するために、毎年 1 月 1 日時点における標準地の正常な価格として公示されるものである。国土交通省の「標準地・基準地検索システム」から調べることができる*4。公示地価の1.1 〜 1.2 倍が実勢価格といわれている。

＊4　国土交通省ホームページ（https://www.land.mlit.go.jp/landPrice/AriaServlet?MOD=0&TYP=0）

⑷ 基準地価による算定方法

　基準地価とは各都道府県が選んだ「基準地」の価格をいう。都道府県知事から毎年公表されるものであり、国土交通省の「標準地・基準地検索システム」から調べることができる*5。公示価格の補完的指標となる。

＊5　国土交通省ホームページ（https://www.land.mlit.go.jp/landPrice/AriaServlet?MOD=0&TYP=0）

⑸ 相続税評価額に 1.25 を乗じた価格による算定方法

　相続税評価額は、原則として路線価（道路に面する標準的な宅地の1㎡当たりの価額）に基づいて計算する。路線価は国税庁から毎年公表されており、国税庁の「財産評価基準書」により調べることができる*6。路線価は時価の 8 割程度とされている。

＊6　国税庁ホームページ・財産評価基準書（https://www.rosenka.nta.go.jp/）

⑹ 固定資産税評価額による算定方法

　固定資産税評価額とは、総務大臣が定めた固定資産評価基準に基づいて評価された額を知事又は市町村長が決定し、固定資産課税台帳に登録したものの価額をいい、3 年に 1 度、評価替えを行う。地価公示

価格の70%に相当するといわれている。

(7) 不動産鑑定士による算定方法

不動産鑑定士による鑑定評価額により算定する方法である。

2 建物の場合

(1) 「建物の標準的な建築価額表」による算定方法

「建築着工統計（国土交通省）」の「構造別に1㎡当たりの工事費予定額を算出したもの」により算定する方法である。国税庁「譲渡所得申告のしかた（記載例）」に記載されている（「建物の標準的な建築価額表」参照）。

(2) 「取得価額－経過年の減価償却累計額」による算定方法

新築あるいは取得価額から法定耐用年数によって適正な減価償却費の計算を行った後の未償却残高を時価と考える方法である。

(3) 「再調達価額－減価償却額」による算定方法

再調達価額をその取得時から評価時点まで旧定率法（又は定率法）で償却した後の未償却残額（法基通9-1-19）を時価とする方法である。

(4) 固定資産税評価額による算定方法

固定資産税評価額とは総務大臣が定めた固定資産評価基準に基づいて評価された額を知事又は市町村長が決定し、固定資産課税台帳に登録したものの価額をいい、3年に1度、評価替えを行う。

(5) 不動産鑑定士による算定方法

不動産鑑定士による鑑定評価額により算定する方法である。

(6) 取引実例を基礎とした取引事例比較法による算定方法

「物件の取引に関して時間的、場所的同一性及び用途的同一性の点で可及的に類似する取引事例に依拠し、それを比準して算定する*7」方法である。

＊7　平16.3.8裁決、裁決事例集№.67、350頁

●3 | 不動産取引における時価の決め方

土地や建物の時価が争われた裁決や裁判例では、対象不動産について複数の方法で時価を算定し、物件の特殊事情等を斟酌して適正な価額を決めているケースが多い。特に不動産鑑定士による鑑定評価額に

ついては物件の特殊性を加味した専門家による精密な評価であるため信頼度が高いようである。

　一般的に、第三者へ不動産を譲渡する場合には、建物だけ譲渡するのではなく建物と土地を一体化した状態で譲渡する場合が多い。

　しかし、関係者間取引においては社長が法人へ建物のみを譲渡する等の取引は珍しくはない。このような場合には、建物のみを分離して市場価値を評価するのは困難であり、また妥当な方法とはいえない。

　そこで、まず土地と一体として市場価額を算出した上で、建物自体の用途等の特殊性を考慮して建物の時価を算定する方法等もみられる。

　各税法で明確な規定がないため適正な時価を算定する過程や判断の方法については、いくつかの裁決や裁判例等を参考にして複数の算定方法での価額を検討し決定することが望ましい。

Ⅲ　同族会社の行為・計算の否認規定

●1　趣旨

　同族会社とは、3人以下の株主とその同族関係者が発行済株式数の総数（自己株式を除く）の50%超を有する会社等をいうが（法法2十、法令4⑤⑥）、このような会社は、一般に1人又は少数の株主によって支配されており、所有と経営が結合しているため、少数の株主のお手盛りとなる取引や経理が行われやすく、その結果として税負担が減少することが少なくない[8]。

＊8　前掲＊1　538頁

　これらの傾向に対処し、同族会社と非同族会社の税負担の公平性を害することのないように、税法は同族会社について特別な取扱いを規定している。そのうち、関係者間の不動産の譲渡取引に際して、「同族会社の行為・計算否認規定」を確認する。

●2　所得税法と法人税法における規定

　同族会社の行為・計算否認規定について、所得税法157条1項では、同族会社の行為又は計算で、これを容認した場合に所得税の負担を不

当に減少させる結果となると認められるものがあるときは、その行為又は計算にかかわらず税務署長がその認めるところにより、所得税額を計算することができる旨定めている。同様の規定は法人税法132条１項、相続税法64条１項などにも設けられている。よって譲渡契約の当事者が個人であっても法人であっても一定の要件を満たす場合には、同族会社の行為・計算の否認規定の適用対象になるといえる。

● 3 ┃ 同族会社等の行為・計算否認規定の判断基準

　所得税法157条１項の同族会社等の行為・計算否認規定については、次の３要件を満たせば適用できるという判決がある（東京地判平9.4.25・税資223号500頁）。この３要件は法人税法132条１項においても同様と考えられる。

　① 　同族会社の行為又は計算であること
　② 　これを容認した場合にはその株主等の所得税の負担を減少させる結果となること
　③ 　上記②の所得税の減少は不当と評価とされるものであること

　このうち③の税額の減少が不当であると評価される行為又は計算とは何かという点（「不当性要件」という）については、いわゆる「経済的合理性基準」が通説*9となっており、近年の判決（東京高判令2.6.24・TAINS Z269-13286）においても採用されている。この基準は、同族会社等が行う行為又は計算が「経済的合理性」を欠いている場合に「不当性要件」を充足するという見解である。

＊9　前掲＊1　542頁

● 4 ┃ 経済的合理性基準

　経済的合理性を欠く場合とは、学説では「異常ないし変則的で租税回避以外にそのような行為・計算を行ったことにつき、正当で合理的な理由ないし事業目的が存在しないと認められる場合のこと*10」とし「独立・対等で相互に特殊関係のない当事者間で行われる取引（独立当事者間取引）とは異なっている取引」は、それに当たると解すべき場合が多いとしている*11。

＊10　前掲＊1　542頁

＊11　前掲＊1　542頁

　一方、法人税法132条1項の適用について「同族会社の行為又は計算が経済的合理性を欠くか否かを判断するに当たっては，当該行為又は計算に係る諸事情や当該同族会社に係る諸事情等を総合的に考慮した上で，法人税の負担が減少するという利益を除けば当該行為又は計算によって得られる経済的利益がおよそないといえるか，あるいは，当該行為又は計算を行う必要性を全く欠いているといえるかなどの観点から検討すべきものである」（東京地判令元.6.27・裁判所ホームページ）と判示しているものがあり、下級審での判示ではあるが一つの参考となる。

●5 同族会社に係る不動産の譲渡取引における注意点

　同族会社の行為・計算否認規定の趣旨は「同族会社の組織・運営を利用した租税回避のための恣意的な行為又は計算を防止・是正する」ことである。したがって、同族会社に係る不動産取引を行う際には、所得税法、法人税法、相続税法においてこのような規定があるということを念頭におき、当該取引を行うことによる税額への影響や、その行為又は計算において「経済的合理性」を満たしているかを事前に十分に検討すべきである。

　また、個人が法人に不動産を時価の2分の1未満の対価で譲渡した場合には、時価で譲渡所得を計算するが（所法59①）、時価の2分の1以上の対価による譲渡であっても、同族会社の行為・計算否認規定の適用により時価で譲渡所得の計算を求められる場合があることに留意しておきたい（所法157①、所基通59－3）。

Ⅳ 個人が不動産を譲渡する場合の課税関係

　個人が不動産を譲渡した場合には、所得税の計算上「譲渡所得」に分類されるケースが多い。本節ではまず、譲渡所得に分類される所得の性質を確認した上で譲渡所得の計算方法を確認する。

　そして、譲渡益が「譲渡所得」以外の所得に分類されるケース、未

実現のキャピタル・ゲインに課税されるケースを取り上げた上で、個人が法人へ不動産を譲渡する場合の注意点について整理する。

●1 譲渡所得の本質（清算課税説）

　譲渡所得とは「資産の譲渡による所得」をいう（所法33①）。譲渡所得の本質について判例は「資産の値上がりによりその資産の所有者に帰属する増加益を所得として、その資産が所有者の支配を離れて他に移転するのを機会に、これを清算して課税する趣旨のもの」と判示している（最判昭43.10.31・集民92号797頁）。これを「清算課税説」という。

　近年の最高裁の判決（最判令2.3.24・裁判所ホームページ）においても「譲渡所得に対する課税においては、資産の譲渡は課税の機会にすぎず、その時点において所有者である譲渡人の下に生じている増加益に対して課税される」とされるように、「清算課税説」という考え方は一貫している。

　原則は、対価の受け入れを伴う実現した増加益についての課税であるが、最高裁昭和43年10月31日判決では、「対価を伴わない資産の移転においても、その資産につきすでに生じている増加益は、その移転当時の右資産の時価に照らして具体的に把握できるものであるから、同じくこの移転の時期において右増加益を課税の対象とする」としており、これは未実現のキャピタル・ゲインに対する課税の例であって、キャピタル・ゲインに対する無限の課税の繰延べを防止することを目的とするものと解されている*12。

＊12　前掲＊1　272頁。

譲渡所得の本質

　資産が他へ移転する際に、価値の増加分（値上がり分）に対して課税するものである（清算課税説）。
原則　資産の譲渡により収入として実現したキャピタル・ゲインに課税
例外　法人に対して無償あるいは時価よりも著しく低い対価で譲渡した場合等には、時価による譲渡とみなし、時価との差額である未実現のキャピ

タル・ゲイン部分にも課税する

●2 | 譲渡所得の計算

譲渡所得の計算手順は、次のステップで計算する。

> **譲渡所得の計算手順**
>
> ① 譲渡所得を計算する。
> ② 所有期間（５年超か否か）により税率を確認する。
> ③ 譲渡所得に税率を乗じて税額（所得税・復興特別所得税・住民税）を求める。

　譲渡所得は、総収入金額から当該所得の基因となった資産の取得費及びその資産の譲渡に要した費用の額の合計額を控除し、その残額の合計額から譲渡所得の特別控除の額を控除して求める（所法33③）。

　なお、特別控除については要件を満たす場合にのみ控除することができ、総収入金額から取得費及び譲渡費用を差し引いた額が各種特別控除の額に満たない場合には、その金額が限度となる。

■譲渡所得の計算式

　　（譲渡益）　（売却金額等）　　　　　（必要経費）

　譲渡所得＝総収入金額－（取得費＋譲渡費用）－特別控除

●特別控除を考慮した場合の譲渡所得

総収入金額			
取得費	譲渡費用	特別控除	譲渡所得

　以下では、譲渡所得の構成要素である総収入金額、取得費、譲渡費用、特別控除を順番に確認する。

1 総収入金額

　総収入金額に算入されるのは原則として当事者で授受された譲渡の対価である。例外として、個人から法人に対する贈与又は著しく低い価額の対価による譲渡等の場合には、時価による譲渡とみなされる（所法59①二）。

　なお、総収入金額には不動産の購入代金の他に買主から受け取った固定資産税の精算金等も加算する必要がある。

2 取得費

　取得費とは、取得時にその不動産の取得に要した金額ならびに設備費及び改良費の金額の合計額をいう（所法38①）。具体的には次のような費用である。

(1) 土地・建物の取得費

> 土地の取得費＝土地の購入代金
> 建物の取得費＝建物の購入代金（又は建築代金）－減価償却費相当額

① 建物の減価償却相当額の計算

　建物の減価償却費相当額の計算方法は、次のとおりである。

■非事業用（自宅等）の場合

　建物購入代金×0.9×非業務用建物の償却率[※1]×経過年数[※2]

　＝減価償却費相当額[※3]

（※1）　非業務用建物の償却率（国税庁ホームページより）

区　分	木　造	木　骨モルタル	(鉄骨)鉄筋コンクリート	金属造①	金属造②
償却率	0.031	0.034	0.015	0.036	0.025

（※2）　取得してから売却日までの年数

　　　　経過年数の6か月以上の端数は1年とし、6か月未満の端数は切捨て

（※3）　建物の取得価額の95％を限度とする

■事業用の場合

　毎期の減価償却費を適正に計算していることを前提に、取得から売却年までの毎年の減価償却費を合計した額

② 土地と建物を一括購入した場合の区分方法

　土地と建物を一括して購入した場合、建物部分は減価償却費の計算が必要になるため、購入時の契約書等を確認し、土地と建物の購入代金をそれぞれ把握しなければならない。

　しかし、契約書等に土地と建物の購入代金が区別されて記載されていない場合は、次のような方法で区別する。

ア　購入時の契約書等で消費税額が分かる場合

　消費税額から建物の購入代金を逆算して算出し（土地について非課税であるため消費税は課されない）、全体の購入代金から建物分を差し引いた額を土地の分とする。

　　＜計算式＞

建物の購入代金 ＝（消費税÷購入時の消費税率）＋消費税

イ　購入時の契約書等で消費税額が不明の場合

　①　土地と建物の購入時の時価の割合で区分する。

　　⇒国税庁「建物の標準的な建築価額表*13」を利用し、建物の取得価格を計算する方法が一般的である。

　②　土地と建物の固定資産税評価額の比率で按分する。

　③　不動産鑑定士の鑑定価格などから求める。

＊13　「建築着工統計（国土交通省）」の「構造別に1㎡当たりの工事費予定額を算出したもの」をいう（国税庁「譲渡所得申告のしかた（記載例）」）。

注意点

　土地と建物を一括して取得した場合には、購入代金を土地と建物をどのように分けるかにより取得費に違いが生じ、結果として課税所得にも違いが生じる。さらに課税事業者の場合には、消費税の計算へも影響する。そのため両者を区分するに際しては、合理的な方法で慎重に行う必要がある。

---

(2) その他の取得費（所基通38－1・38－2・38－8・38－9・38－9の3〜38－11・49－3・60－2）

　①　不動産購入時の不動産会社等への仲介手数料

　②　不動産購入時に作成した売買契約書に貼付した収入印紙代

　③　不動産購入時（贈与・相続・遺贈による取得を含む）に納めた登録免許税・登記費用

　④　不動産取得税

　⑤　借主がいる不動産を購入した際に、借主へ支払った立退料

　⑥　所有権などを確保するために要した訴訟費用（相続財産である不動産を遺産分割するためにかかった訴訟費用は除く）

　⑦　設備費・改良費・増改築の費用

101

⑧ 不動産を購入するために借り入れた資金の利子のうち、その不動産を実際に使用開始する日までの期間に対応する部分の利子

⑨ 既に締結されている土地などの購入契約を解除して、他の物件を取得することとした場合に支出する違約金

※火災保険料、管理費・修繕積立金、引越費用などは取得費に含まれない。

(3) 概算取得費の特例（措法 31 の 4、措通 31 の 4 − 1）

収入金額の 5％を取得費とすることができる（「概算取得費」という）。実際の取得費が、その金額が 5％相当額を下回る場合には 5％相当額の方を選択できる。

(4) 相続や贈与によって取得した不動産の取得費（所法 60）

相続や贈与により取得した土地や建物を譲渡した場合の取得費は、被相続人や贈与者がその土地や建物を買い入れたときの購入代金や購入手数料などを基に計算する。

なお、業務に使われていない土地や建物を相続や贈与により取得した際に、相続人や受贈者が支払った登記費用や不動産取得税の金額も取得費に含まれる。

(5) 相続財産を売却した場合の相続税額の取得費加算の特例（措法 39）

相続又は遺贈により取得した土地、建物などの財産を、一定期間内に譲渡した場合に、相続税額のうち一定金額を譲渡資産の取得費に加算することができる。

(6) 交換等の特例を受けて取得している場合の取得価額（措法 31、32、33 〜 33 の 3、33 の 6、36 の 2、36 の 4 〜 5、37、37 の 3 〜 4、37 の 6)

特例の規定により引き継がれる金額を取得価額とする。

❸ 譲渡費用

譲渡費用とは、不動産を譲渡するために直接に必要な次のような費用をいう（所法 33 ③、所基通 33-7）。

① 不動産を売却するために支払った仲介手数料

② 契約書の作成を依頼した場合の費用

③ 売却時の売買契約書に貼付した印紙代

④　印鑑証明手数料

⑤　測量のために土地家屋調査士等に支払った測量費用

⑥　解約違約金

⑦　建物の取り壊し費用

⑧　借主がいるマンション等を売却する際に、貸主へ支払った立退料

※修繕費や固定資産税などの不動産の維持や管理費用は含まない。

4 同族会社に譲渡した場合の居住用財産の特例の取扱い

(1) 居住用財産の特例

　自宅などの居住用財産を譲渡し、一定の要件を満たす場合には、譲渡益の場合には、①3,000万円特別控除の特例（措法35①）、②所有期間が10年超の場合の軽減税率の特例（措法31の3）、③特定居住用財産の買換えの特例（措法36の2）が適用できる。

　また、譲渡損の場合には、①居住用財産の買換え等の場合の譲渡損失の損益通算及び繰越控除の特例（措法41の5）、②特定居住用財産の譲渡損失の損益通算及び繰越控除の特例がある（措法41の5の2）。

(2) 同族会社等へ譲渡する場合の居住用財産の特例の不適用

　個人が不動産を、配偶者や直系血族（祖父母、父母、子、孫など）、生計一親族、内縁関係にある者、同族会社等へ譲渡した場合には、前述した居住用財産の特別控除が適用できない（措令35②、措令23②、20の3①、法令4②、③）ことに注意する。

　例えば、社長が自ら代表になっている会社へ自宅を譲渡した場合には本特例の適用ができない。

5 譲渡所得の税率

(1) 譲渡所得の税率に関する原則

　譲渡所得の税率に関する原則をまとめると、次のとおりである。

① 「所有期間」により税率が決まる。

② 「不動産の取得日から売却した年の1月1日（売却日ではない）」で所有期間を判断し、5年以内を短期譲渡、5年超を長期譲渡とする。

③ 短期譲渡の税率は、長期譲渡の税率よりも高くなる。

キャピタル・ゲインの性質を有する不動産の譲渡所得は、分離課税（措法31①③二、32①②）により課税し、給与所得*14、事業所得*15等の総合課税とは区分する。課税所得に税率を乗じて所得税・復興特別所得税・住民税を計算するが、税率は所有期間により決定する。

* 14　給与所得とは、俸給、給料、賃金、歳費及び賞与並びにこれらの性質を有する給与に係る所得をいう（所法28①）。

* 15　事業所得とは、農業、漁業、製造業、卸売業、小売業、サービス業その他の事業で所得税法施行令63条（事業の範囲）で定めるものから生ずる所得（山林所得又は譲渡所得に該当するものを除く）をいう（所法27①）。

(2) 短期譲渡に関する税率

不動産を売却した年の1月1日の時点で、その所有期間が5年以下の場合の税率は、所得税30%・復興特別所得税0.63%・住民税9%の計39.63%となる。

(3) 長期譲渡に関する税率

不動産を売却した年の1月1日の時点で、その所有期間が5年を超える場合の税率は、所得税15%・復興特別所得税0.315%・住民税5%の計20.315%である。

■税率

期間による区分	所得税	復興特別所得税	住民税	合計
短期譲渡	30%	0.63%	9%	39.63%
長期譲渡	15%	0.315%	5%	20.315%

※なお所有期間が10年超の居住用財産を譲渡する場合には軽減税率（所得税10%）の特例がある（措法31の3）。

● 3 ｜ 不動産の譲渡益が譲渡所得に分類されないケース

個人が不動産を譲渡する場合には、「譲渡所得」に分類され分離課税で税額を計算することが一般的である。

他方、不動産の譲渡益が譲渡所得の性質を有しない場合には、他の所得に分類されて課税されることになる。そのようなケースを確認す

る。

1 棚卸資産である不動産を譲渡した場合

　個人が販売目的で所有していた棚卸資産の譲渡の場合は、譲渡所得から除かれる（所法33②）。例えば、不動産業者である個人事業者が販売のため所有していた不動産は棚卸資産であるため、その譲渡から生じた譲渡益は譲渡所得から除かれ、「事業所得」（所法27①）に分類される。事業所得は給与所得（所法28①）等と同じ「総合課税」で課税される。

　なお、不動産業者は投資目的で不動産を所有することもでき、それを譲渡した場合の所得の性質は、資産を所有していたことによるキャピタル・ゲインであるから、「譲渡所得（所法33①）」に分類される。

2 譲渡した不動産の所有目的を途中で変更した場合

　不動産の譲渡益の中に、不動産を所有していたことによる価値の増加分（キャピタル・ゲイン）と事業として行った努力の結果、得られた利益が混在しているケースである。この場合、所有者の意思によらない外部的条件の変化に起因する資産価値の増加は「譲渡所得」に当たり、所有者の人的努力と活動に起因する資産価値の増加は、「事業所得」あるいは「雑所得」に当たる*16。

＊16　前掲＊1　271頁

　裁判例においても、長期間、販売目的以外の目的で所有していた土地に宅地造成等の加工が加えられて得た所得の区分について、加工時点前の土地の増加益（キャピタル・ゲイン）については「譲渡所得」、販売目的として加工を加えた資産価値の増加益については「事業所得」あるいは「雑所得」として課税するとされた判決がある（松山地判平3.4.18・税資183号90頁）。このような課税の方法は「二重利得法」と呼ばれ所得税基本通達33-5*17はそれを具体的に採用した通達である。

＊17　所基通33－5：
　　土地、建物等の譲渡による所得が所得税基本通達33－4により事業所得又は雑所得に該当する場合であっても、その区画形質の変更若しくは施設の設置又は建物の建設（以下「区画形質の変更等」という）に係る土地が

極めて長期間引き続き所有されていたものであるときは、所得税基本通達33－4にかかわらず、当該土地の譲渡による所得のうち、区画形質の変更等による利益に対応する部分は事業所得又は雑所得とし、その他の部分は譲渡所得として差し支えない。この場合において、譲渡所得に係る収入金額は区画形質の変更等の着手直前における当該土地の価額とする。

(注)　当該土地、建物等の譲渡に要した費用の額は、すべて事業所得又は雑所得の金額の計算上必要経費に算入する。

●譲渡した不動産の所有目的を途中で変更した場合

取引価額		
取得費	譲渡費用	譲渡益

⇩

「譲渡所得」と「事業所得」等が混在

③ 個人が法人へ時価よりも高額で不動産を譲渡した場合

　個人が法人へ時価よりも高額で不動産を譲渡した場合において、裁判例では資産を保有していたことによるキャピタル・ゲインの部分は「譲渡所得」に該当するが、実際の対価のうち時価を上回る部分は資産を保有していたことによるキャピタル・ゲインの性質を有するものではなく、法人から贈与された金員としての性質を有するものであるから「一時所得[18]」に当たるとする事例がある（東京地判平25.9.27・裁判所ホームページ）。

＊18　一時所得とは、利子所得、配当所得、不動産所得、事業所得、給与所得、退職所得、山林所得及び譲渡所得以外の所得のうち、営利を目的とする継続的行為から生じた所得以外の一時の所得で労務その他の役務又は資産の譲渡の対価としての性質を有しないものをいう（所法34①）。

　同判決における譲渡資産は株式であったが、対象が不動産である場合にも同様の解釈になると考えられる。また、このケースについては前述した二重利得法の適用例とみることができる[19]。

＊19　前掲＊1　281頁

　なお、同判決では、時価と取得価額の差額（時価差額）については「一時所得」に区分しているが、売主である個人が買主である法人の役員あるいは従業員であり、時価差額が勤務の対価としての性質を有

する場合には、「給与所得」に分類されることも考えられる。

●個人が法人へ時価よりも高額で譲渡した場合

取引価額			
時価			時価差額
取得費	譲渡費用	譲渡益（譲渡所得）	給与所得・一時所得等

⇩

所得の発生態様により分類

4 未実現のキャピタル・ゲインに課税するケース～みなし譲渡

　個人が所有する不動産を法人に時価の2分の1未満の価額で譲渡する場合には、時価による譲渡とみなし、実際の取引価額と時価との差額である未実現のキャピタル・ゲイン部分も「譲渡所得」として課税する（所法59①、所令169）。

　他方、取引価額が時価2分の1以上時価未満の場合において、同族会社の行為・計算否認規定の適用を受ける場合には、時価により譲渡所得を計算することになる（所法157①、所基通59－3）。

●未実現のキャピタル・ゲインに課税する場合

取引価額（時価の1／2未満）		時価差額
時価		
取得費	譲渡費用	未実現の譲渡益（譲渡所得）

5 個人が法人へ不動産を譲渡する場合の注意点

　個人が不動産を譲渡する場合の課税関係についてみてきたが、注意すべきは、時価と乖離した取引価額で不動産を譲渡する場合であろう。

　このような取引を行う場合には、私法上の法律関係と所得の分類は別問題であると認識しておくべきである。つまり時価とかけ離れた取引価額で当事者双方が合意して不動産の譲渡契約を結んだとしても、必ずしも譲渡益すべてが「譲渡所得」に分類されて課税されるわけではない。

　あくまで資産の保有によるキャピタル・ゲイン（増加益）部分に対してのみが「譲渡所得」の計算の対象となる。

　また、個人が法人へ著しく低額で不動産を譲渡する場合（みなし譲

渡）や同族会社の行為・計算否認規定の適用を受ける場合には、時価よりも低い価額で不動産の譲渡契約を結んだとしても時価に引き直して課税されるため、未実現のキャピタル・ゲインにも課税されることになる。

さらに、個人が自ら役員になっている法人に自宅を譲渡するような場合には、居住用財産の特例が適用できない。

Ⅴ 時価と乖離して不動産を譲渡する場合の課税関係〜個人が法人へ譲渡する場合

個人が法人へ時価と乖離する取引価額で不動産を有償譲渡する場合には、売主（個人）は所得税法により、また買主（法人）は法人税法により律せられる。

以下では、①時価の1/2未満で譲渡した場合（みなし譲渡）、②時価の1/2以上時価未満で譲渡した場合、③時価よりも高額で譲渡した場合に分けて、売主（個人）と買主（法人）の課税関係を確認しておきたい。

●1 時価の1/2未満で譲渡した場合（みなし譲渡）

■1 売主：個人への課税

著しく低い対価による法人への譲渡があった場合には、その時における価額に相当する金額（時価）により、資産の譲渡があったものとみなす（所法59条①、「みなし譲渡」という）。著しく低い対価とは、資産の譲渡時における価格の2分の1に満たない金額をいう（所令169）。

みなし譲渡の場合、売主（個人）の譲渡所得の計算においては時価相当額が総収入金額へ算入されるため、未実現のキャピタル・ゲインにも課税される（Ⅳ3「■4未実現のキャピタル・ゲインに課税するケース〜みなし譲渡」参照）。

■2 買主：法人への課税

法人の場合は、時価で譲渡が行われることが前提であるため、時価よりも著しく低い対価で不動産を譲り受けた場合には、実際の対価と

の差額（時価差額）は売主からの受贈益となる（法法22②）。

■著しく低い対価に該当するかの判断基準

　所得税法59条1項の「著しく低い価額の対価に該当するか否か」については「当該財産の譲渡の事情、当該譲渡の対価、当該譲渡に係る財産の通常の取引価額、当該財産の評価通達に基づく相続税評価額などを総合勘案して、社会通念上に従って客観的に判断すべきものと解される」とする事例（平16.3.8裁決・裁決事例集No.67、350頁）があるが、その前提として適正な時価の算定が必要となる（「Ⅱ　不動産を譲渡する場合の時価」参照）。

■1契約により2以上の資産を譲渡した場合の低額譲渡の判定

　法人に対し1契約により2以上の資産を譲渡した場合において、著しく低い対価による譲渡に該当するかどうかを判定するときは、たとえ契約において譲渡した個々の資産の全部又は一部について対価の額が定められている場合であっても、当該個々の資産ごとに判定するのではなく、当該契約ごとに当該契約により譲渡したすべての資産の対価の額の合計額を基として判定する（所基通59－4）。

●2 時価の1/2以上〜時価未満で譲渡した場合

■1 売主：個人への課税

　原則として譲渡所得の収入金額は、その年において収入すべき金額となる（所法36①）。この場合の収入金額は時価ではなく実際の取引価額である。

　ただし、その譲渡が同族会社の行為・計算否認規定の要件に該当する場合には税務署長の認めるところにより、時価によって譲渡所得を計算することになる（所法157①、所基達59－3）（「Ⅲ　同族会社の行為・計算の否認規定」参照）。

■2 買主：法人への課税

　法人の場合は時価で譲渡が行われることが前提であるため、時価よ

りも著しく低い対価で不動産を譲り受けた場合には時価差額は売主からの受贈益となる（法法22②）。

● 3 ｜ 時価よりも高額で譲渡した場合

■ 売主：個人への課税

譲渡益に2つの所得が混在しているケースである（Ⅳ3「■ 個人が法人へ時価よりも高額で不動産を譲渡した場合」参照）。

譲渡益のうち、不動産のキャピタル・ゲイン（値上がり分）については「譲渡所得」として課税する。この場合、譲渡所得の計算上、譲渡収入金額になるのは時価までである。それを超える部分（時価差額）については買主からの売主への対価性を有しない一時的な所得（「一時所得」所法34①）であるか、あるいは当該個人がその法人の役員や従業員である場合には、勤務の対価としての性質をもっている限り「給与所得」（所法28①）として所得税が課される。

■ 買主：法人への課税

売主がその法人の役員の場合、時価よりも高い取引価額で法人が買うことによる時価差額は、実質的に役員に対して臨時的給与と同じ経済的効果をもたらすものであるから「役員賞与」に該当する（法基通9－2－9(2)）。

●時価と乖離して不動産を譲渡する場合の課税関係
【個人が法人へ譲渡する場合】

取引価額	売主（個人）の課税関係	買主（法人）の課税関係
時価の1/2未満	みなし譲渡 時価で譲渡したとして譲渡所得を計算する	時価差額は受贈益
時価の1/2以上時価未満	原則：実際の取引価額で譲渡所得を計算（同族会社の行為計算否認規定に留意）	時価差額は受贈益
時価よりも高額	時価で譲渡所得を計算する 時価差額は、給与所得あるいは一時所得	時価差額は（役員）賞与あるいは寄附金（損金算入限度額あり）

時価差額：取引価額と時価の差額をいう

なお、売主が役員以外の従業員等であり、雇用関係に基づく勤務の対価として経済的利益を受けている場合には「賞与」になる。賞与（役員及び従業員）に分類される場合には、源泉徴収も問題となる。

役員及び従業員以外の個人が売主の場合は、時価差額は、法人から供与された経済的な利益であり、実質的に贈与又は無償の供与をしたと認められる金額であるため「寄附金」の額になる（法法37⑧）。なお、寄附金の額には損金算入限度額の規定があることに注意する（法法37③、法令73①一）。

Ⅵ 法人（売主）が不動産を譲渡する場合の課税関係

本節では法人が不動産を譲渡する場合の課税関係について確認する。なお、完全支配関係のある法人間における不動産取引については特殊な税務上の取扱いが必要であるため後述する。

1 法人税の基本的計算

法人が不動産を有償譲渡する場合には、法人税の枠組みの中で所得を計算する。具体的には、確定した決算上の、当期純利益（あるいは当期純損失）に税務調整（益金算入・損金不算入・益金不算入・損金算入）を行い、法人税法上の課税所得を求めそれに税率を乗じて法人税額を計算する。法人税法も所得税法と同様に原則として実現した利益のみが所得であるという考え方（実現原則）を採用し、未実現の利得を課税所得から除外している[20]（法法22②）。

＊20　前掲＊1　345頁

法人は、一般的に営利を目的とする活動を行っているため、取引は基本的に時価で行われる。不動産の譲渡に係る収益の額についても「譲渡した資産の引渡しの時における価額」（法法22の2④）とされ、「原則として第三者間で取引されたとした場合に通常付される価額」（法基通2-1-1の10）により取引される。

譲渡に係る費用については、基本的には個人の所得税の計算の場合と同じであるが、譲渡する土地や建物の取得価額は、当該資産の取得

時に資産として貸借対照表に計上しており、建物等の減価償却資産については適正な減価償却計算を行っていることが前提であるため、所得税における概算取得費（措法31の4、措通31の4－1）のような規定はない。

2 税率

法人税の税率は、普通法人、一般社団法人等又は人格のない社団等については23.2％（資本金1億円以下の普通法人、一般社団法人等又は人格のない社団等の所得の金額のうち年800万円以下の金額については15％）とされている。実効税率（法人所得に対する税率（国税・地方税））は29.74％（平成30（2018）年度～）となっている。

3 青色欠損金の繰越控除

個人が譲渡した場合における居住用財産の譲渡等の特例はないが、一定の要件を満たす青色申告法人には、繰越欠損金の控除があるため、不動産取引により譲渡益が生じた場合には繰越欠損金と通算し、課税所得を減少させる効果がある。

●法人税の課税所得と税率

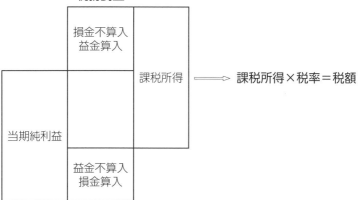

法人税の課税所得と税率に関する要点をまとめると、次のとおりである。

① 法人が当事者となる場合には基本的には時価で取引をすることが前提となる。

② 法人税は、会計上の損益（当期純利益又は当期純損失）を基に税務上の調整を行い、課税所得を算出し税率を乗じて計算する。

③ 譲渡不動産（土地、建物等）については、取得時に資産として計上しており、建物等の減価償却資産については適正な減価償却を行っていることが前提となる。

④ 税率については、実効税率（国税・地方税）は 29.74% である。

⑤ 青色欠損金がある場合には、不動産譲渡益と損益通算できる。

VII 完全支配関係にある法人間での不動産の譲渡取引における課税関係～グループ法人税制

　100％持株関係（完全支配関係という）を有する法人グループに属する法人間で不動産を譲渡した場合には、通常の法人間の取引とは異なる申告調整が必要になる。そこで、どのような制度が設けられているか確認しておきたい。

● 1 総説

　完全支配関係にある法人グループに適用される制度には、納税者の選択により適用する「グループ通算制度」がある。しかし、「グループ通算制度」を適用しない場合でも、完全支配関係のある法人グループにおける一定の取引（「完全支配関係法人間取引」という）についてはグループ全体で一体的に管理運営しており、税制上も一体的取扱いをすることが合理的である。そのため、平成22年度の税制改正により、完全支配関係者間法人取引等について税制上の一定の措置が講じられた。これを「グループ法人税制」という。

　同制度については、資本金の金額に関係なく要件を満たせば強制適用になるため、グループ通算制度を適用しない、あるいは対象外の中小同族法人にとっては注意が必要である。

● 2 | グループ法人税制の概要

　「グループ法人税制」は、内国法人が一定の要件を満たす不動産を完全支配関係にある内国法人に譲渡した場合に、①譲渡時点では譲渡法人において譲渡損益を繰り延べ、②その後、譲受法人にその資産について譲渡や償却等の一定の事由が生じた時点で、譲渡法人が譲渡時に繰り延べていた譲渡損益を所得計算に戻入れ計上するというものである。

　このような課税上の取扱いを行うのは、完全支配関係法人間の不動産の譲渡の時点で課税関係を生じさせると円滑な経営資源再配置に対する阻害要因にもなりかねないことから、譲渡時点で課税関係を生じさせないことが実態に合っているからである。

● 3 | グループ法人税制の対象

　不動産譲渡の取引が、グループ法人税制の対象に該当するかという問題については、①譲渡する不動産が「譲渡損益調整資産」であるか、②「対象となる法人の範囲」に入るか、③「完全支配関係」にある法人間の取引であるか、という点で判断する。

１ 譲渡損益調整資産

　譲渡損益調整資産とは、「固定資産、土地（土地の上に存する権利を含み、固定資産に該当するものを除く）、有価証券、金銭債権、繰延資産」をいう。土地以外の棚卸資産は対象外であり、販売用の土地は対象に含まれる。また、その譲渡の直前の帳簿価額が1,000万円に満たない資産は対象外とされている（法法61の11①、法令122の12①）。

　よって、不動産については、譲渡の直前の帳簿価額が1,000万円以上の土地や建物等が基本的に含まれることになる。なお、土地等は、一筆ごと（一体として事業の用に供される一団の土地等は、その一団の土地等ごと）、建物については一棟ごと（マンション等にあっては住戸等ごと）で判断する。なお、「譲渡損益調整資産に該当するか」は、譲渡法人の判定による。

❷ 対象となる法人の範囲

　完全支配関係にある普通法人又は協同組合等である内国法人から普通法人又は協同組合等である内国法人への譲渡が対象となる（法法61の11③）。公共法人、公益法人等、人格のない社団等及び外国法人がいずれかの当事者である場合には、この制度は適用されない。

　個人や外国法人が介在している完全支配関係であっても、取引の両当事者が内国法人であれば適用対象となる。また、関係法人であっても完全支配関係がない法人に対しては適用されず、グループ通算制度（連結納税制度）を選択していない完全支配関係間取引について強制適用される。なお、完全支配関係の有無の判定時点は、資産の譲渡の時点である。

❸ 完全支配関係

　完全支配関係とは、①当事者間の完全支配関係、②法人相互の完全支配関係をいう（法法2十二の七の六、法令4①、4の2②）。

---

① 　当事者間の完全支配関係

　　一の者（※1）（一の法人又は個人をいう）が法人の発行済株式等の全部（※2）を直接又は間接に保有する関係

　　具体例としては、完全支配関係にある法人間で、親と子、親と孫、親と曾孫、子と孫及び子同士等の関係などがある。

② 　法人相互の完全支配関係

　　一の者との間に当事者間の完全支配関係（上記①）がある法人相互の関係をいう。

※1 　「一の者」は、法人（外国法人も含む）又は個人である。なお「一の者」が個人の場合はその者及び以下の同族関係者も含まれる（法令4①、4の2②括弧書）。

　　・当該個人の親族（配偶者、6親等内の血族、3親等内の姻族）

　　・当該個人と婚姻の届け出をしていないが、事実上婚姻関係と同様の事情にある者

　　・その個人株主の使用人

　　・1～3以外の者で、当該個人から受ける金銭等によって生計を維持している者

・2〜4の者と生計を一にするこれらの者の親族

※2 「発行済株式等（自己株式を除く）の全部を保有する」という判断に当たっては、従業員持株会やストックオプションにより役員又は使用人が取得した株式数の合計数が発行済株式数（自己株式を除く）の5％未満の場合は当該株式を除いて判断する（法令4の2②一、二）。

■グループ法人税制が適用される具体例
① 当事者間の完全支配関係

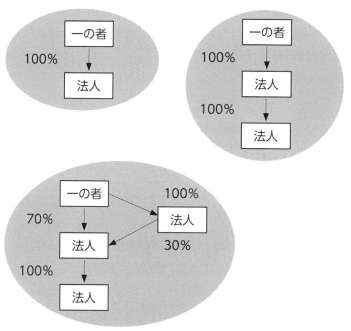

② 法人相互の完全支配関係

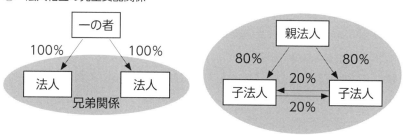

内がグループ法人税制の対象となる。

●4 完全支配関係法人間で不動産を譲渡した場合の取扱い

1 譲渡時の譲渡損益の繰延べ

　法人間で不動産を譲渡した場合には、法人ごとに課税されるのが原則である。しかし、完全支配関係のある内国法人間で譲渡損益調整資産となる不動産を譲渡した場合の譲渡利益額又は譲渡損失額は、その年度の所得金額の計算上、損金の額又は益金の額に算入することにより、譲渡時点では譲渡利益の額又は譲渡損失の額を繰り延べることになる。

2 譲渡損益を計上する事由と戻入れ計算

　その後、譲受法人において「一定の事由」（譲渡や償却等）が生じた場合には、譲渡法人側で繰り延べていた譲渡利益の額又は譲渡損失の額を所得の金額の計算上、益金の額又は損金の額に算入しなければならない（法法61の11②③④、法令122の12④⑥）。

　なお、「一定の事由」とは、対象となる不動産の①譲渡、除却、②減価償却、③完全支配関係の消滅等が考えられ、事由の違いにより次のような戻入れ計算を行う。

---

① 譲渡損益調整資産の譲渡、除却等の場合

　（完全支配関係グループ外の第三者へ譲渡した場合に限らず、グループ内での譲渡の場合も含む）

　⇒譲渡利益額又は譲渡損失額（繰延譲渡損益）に相当する金額

② 譲渡損益調整資産の償却、評価換え等の場合

　（原則）

$$繰延譲渡損益額 \times \frac{譲受法人において損金算入された償却費の金額}{譲受法人の取得価額}$$

　（例外）簡便法：譲受法人の償却とは関わりなく計算できる方法

$$繰延譲渡損益額 \times \frac{譲渡法人の事業年度の月数（譲渡日の前日までの期間を除く）}{譲受法人が適用する耐用年数 \times 12}$$

③ 譲渡法人と譲受法人間の完全支配関係の消滅した場合

　⇒繰延譲渡損益に相当する金額

---

3 通知義務

　所得計算を適正に行うためには、譲渡法人、譲受法人共に譲渡損益調整資産の情報について遅滞なく通知する義務がある（法令122の12⑰～⑲）。

　譲渡損益調整資産を譲渡したときは、譲渡法人から譲受法人へ遅滞なくその旨を通知する必要がある。そして、譲渡損益が計上される事由が生じた場合には、譲受法人から譲渡法人へ、その事由が生じた事業年度の終了後、遅滞なくその旨を通知する必要がある。

■グループ法人税制の概要
＜通常の法人間の不動産譲渡の取引＞
　①　譲渡時点で譲渡損益を計上する。
＜完全支配関係間の不動産（譲渡損益調整資産）譲渡の取引＞
　①　譲渡時点
　　　譲渡法人において譲渡損益の計上を繰り延べる。
　②　譲受法人に一定の事由（譲渡、償却等）が生じた時点
　　　譲渡法人所得の計算上、繰り延べていた譲渡損益を戻入れ計算して計上する。

●**5** 完全支配関係者間の不動産譲渡の場合の注意点

　①　グループ法人税制の規制を受けるか等の要件は複雑であり、当事者間での通知義務も遅滞なく行う必要があるため、グループ法人内での適切な管理が必要である。また譲渡損益の繰延による課税所得や税額への影響を事前に試算しておくことも重要である。
　②　グループ法人内で不動産を移転する場合に、譲渡時に譲渡損益を繰り延べることにより、経営資源再配置における、法人税上の障害を取り除くことができる。ただし、消費税の課税についてはこのような特別な取扱いはない。
　③　含み益や含み損のある不動産を譲渡した場合でも譲渡時には譲渡損益を計上できないため、租税回避行為や節税について封じられることになる。
　なお、グループ法人税制の適用を逃れる目的で行われた第三者割当

増資について、同族会社の行為・計算否認の規定により否認された事例があるため次に挙げておきたい。

> ● グループ法人税制の適用を免れるために行った第三者割当増資についての裁決事例（平 28.1.6 裁決・TAINS F0 － 2 － 629）
>
> 【事例の概要】
> 　同族会社 A 社と関連会社 B 社は完全支配関係にあり、A 社から B 社への不動産の譲渡取引において固定資産売却損が生じた場合には譲渡時にはその損失が繰り延べられて損金不算入になるはずであった（法法 61 の 13 ①）。しかし A 社はかかる事態を回避する目的で、一連の取引に深く関わった総務経理部長 1 人に対して第三者割当増資を行うことで完全支配関係を解消した上で固定資産売却損を損金算入し法人税額を計算して申告した。これに関して原処分庁は、当該割当増資は、同族会社の行為・計算否認規定（法法 132 ①）の「不当」な行為に該当しそれに起因して法人税の負担を不当に減少させるものであるとして否認し A と B の間には完全支配関係があるとして、固定資産売却損の損益算入を否認する更正処分等を行った。
> 　本件割当増資が「不当」な行為であったかという争点については、当該割当増資による資金調達の経済的効果はみられず、発行条件等についても具体的な検討がされた形跡もうかがわれず従業員 1,000 人のうち総務経理部長だけに割当増資を行われた等の事実は純粋経済人として不合理、不自然な行為であり経済的合理性を欠いており、同族会社行為・計算否認の規定（法法 132 ①）の「不当な」行為に該当すると判断された。そして法人税の負担を不当に減少させたかという争点については、本件割当増資に起因して A 社は法人税額を減少させたと認められるとしている。

〔参考〕
　第三者割当増資を行った結果、完全支配関係を解消することや、同じタイミングで不動産譲渡取引を行うことは、特に法律で禁じられているわけでもなく、本件に関しても適正な手続を経て行われている。
　しかし、経過や目的を検討した結果、当該割当増資の全面的な目的がグループ法人税制における譲渡損益の繰延制度の回避であり資金調達の経済的効果もみられないこと等により経済的合理性を欠き、同族会社の行為・計算の否認規定における不当性要件を満たしていると判

断された。よって経営上の判断で資本関係を変動し完全支配関係を解消するような場合には、その経過や内容について純粋経済人として合理的な理由があるかという点や税額に対する影響を計算するなど、税法の観点からも慎重に検討する必要があると思われる（「Ⅲ　同族会社の行為・計算の否認規定」参照）。

● 6 ｜ 完全支配関係法人間の不動産譲渡の具体例

完全支配関係法人間で不動産を譲渡した場合の課税関係を、具体例を用いて検討していくこととする。

【設例】時価で譲渡する場合

① 　内国法人Aは完全支配関係のある他の内国法人Bに対して譲渡損益調整資産である土地（非償却資産）を時価1億円で譲渡した。なお、この土地の取得価額は8,000万円である。

② 　その後、B法人が完全支配関係のある別の内国法人Cにその土地を時価1億1,000万円で譲渡した。

　なお、取引価額は時価と乖離しておらず、取引当事者についての通知義務は遅滞なくなされている。

　この場合のA社及びB社の課税関係は、どうなるか。

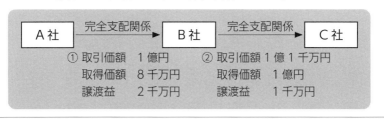

■ A社からB社へ土地を譲渡したとき

(1) 売主：A社への課税

会計上生じた譲渡益2,000万円を益金不算入で繰り延べる（別表4：減算・留保）。

(2) 買主：B社への課税

土地の取得価額1億円を計上する。

❷ B 社から C 社へ土地を譲渡したとき

(1) 売主：A 社への課税

上記❶で繰り延べていた譲渡益 2,000 万円を益金算入する（戻し入れる）（別表 4：加算・留保）。

(2) 買主：B 社への課税

会計上生じた譲渡益 1,000 万円を益金不算入で繰り延べる（別表 4：減算・留保）。

※将来、C 社において他の内国法人へ譲渡損益調整資産の譲渡、評価換え、貸倒れ、除却等の事由が生じたときに戻し入れる（別表 4：加算・留保）。

●時価で不動産を譲渡する場合の課税関係
【完全支配関係法人間で譲渡する場合】

	売主（A 社）の課税関係	買主（B 社）の課税関係
①売主（A 社）の譲渡時	譲渡損益の計上 譲渡損益の繰延べ	取得費計上
②買主（B 社）の譲渡時	譲渡損益の計上 譲渡損益の戻入れ	譲渡損益の計上 譲渡損益の繰延べ

Ⅷ 法人が時価と乖離して不動産を譲渡する場合の課税関係

次に、法人が時価と乖離して不動産を譲渡する場合の課税関係について、①法人から個人、②法人間、③完全支配関係法人間の 3 パターンに分けて確認する。

●1 法人が個人へ譲渡する場合

法人が個人へ譲渡する場合の課税関係を、具体例を用いて検討していくこととする。

【設例】法人が個人へ譲渡する場合
(1) A 社から B 個人へ土地を譲渡した。
(2) A 社の土地　簿価（取得費）…8,000 万円
　　　　　　　時価………………1 億円

> 以下の場合の課税関係は、どうなるか。
> ① 取引価額 8,000 万円で譲渡した場合
> ② 取引価額 1 億 3,000 万円で譲渡した場合

＜①、②に共通する取扱い＞
●法人の場合は、譲渡取引は時価をベースに行われる。
●よって、実際の取引価額にかかわらず、法人税の計算上「譲渡益」は次のようになる（法法 22 ②、22 の 2 ④）。
　時価 1 億円 − 取得費 8,000 万円 ＝ 2,000 万円

1 取引価額が時価を下回る場合（取引価額＜時価）

(1) 売主：A 社への課税

　会計上の処理は、「実際の取引価額 8,000 万 − 取得費 8,000 万円 ＝ 譲渡益 0 円」であるが、税務上の取扱いは時価で譲渡することが前提であるため「譲渡益」2,000 万円が課税所得となる（益金算入）。

　取引価額 8,000 万円と時価 1 億円との差額（時価差額という）である 2,000 万円は、買主（個人 B）が受け取った経済的利益である。

　買主（個人 B）が役員の場合には、時価差額 2,000 万円は、実質的に役員に対して臨時的給与と同じ経済的効果をもたらすものであるから「役員賞与」に該当する（法基通 9 − 2 − 9(2)）。

　他方、買主（個人 B）が役員以外の従業員等である場合には、雇用関係に基づく勤務の対価として経済的利益を受けている場合は「賞与」になる。役員賞与、あるいは従業員賞与として取り扱われる場合には、源泉徴収も問題となる。

　買主（個人 B）が売主（A 社）の役員及び従業員以外の場合は、時価差額 2,000 万円は、売主（A 社）から供与された経済的な利益であり、実質的に贈与又は無償の供与をしたと認められる金額であるため「寄附金」の額になる（法法 37 ⑧）。なお、「寄附金」の額には損金算入限度額の規定がある（損金算入限度額あり：法法 37 ③、法令 73 ①一）。

(2) 買主：個人 B への課税

　時価差額 2,000 万円は、売主（A 社）から供与された経済的利益で

ある。買主（個人B）が、売主（A社）の役員及び従業員の場合には、勤務の対価としての性質をもっている限り「給与所得」に含まれる（所法28①、36①括弧内）。

売主（A社）の役員及び従業員以外の個人が買主の場合には、時価差額は、「一時所得（営利を目的とする継続的行為から生じた所得以外の所得で、労務や役務の対価としての性質や資産の譲渡による対価としての性質を有しない一時の所得）」（所法34①）に分類される。

ただし、所得の発生態様によっては利子所得、配当所得、不動産所得、事業所得、給与所得、退職所得、山林所得、譲渡所得及び一時所得のいずれにも該当しない「雑所得」に分類される可能性もある（所法35①）。

② 取引価額が時価を上回る場合（取引価額＞時価）

(1) 売主：A社への課税

会計上の処理は、「実際の取引価額1億3,000万円－取得費8,000万円＝譲渡益5,000万円」であるが、税務上の考え方としては、法人の場合、時価で譲渡することが前提であるため「譲渡益」は2,000万円となる。取引価額1億3,000万円と時価1億円の差額（時価差額）3,000

●時価と乖離して不動産を譲渡する場合の課税関係
【法人が個人へ譲渡する場合】

取引価額	売主（法人）の課税関係	買主（個人）の課税関係
取引価額＜時価	時価差額の取扱い ・役員への譲渡：役員賞与（損金不算入） ・従業員への譲渡：賞与 ・それ以外の個人への譲渡：寄附金（損金算入限度額あり） 　※役員賞与等の場合は源泉徴収税の問題	時価差額の取扱い ・役員への譲渡：給与所得 ・従業員への譲渡：給与所得 ・それ以外の個人への譲渡：時所得 　（発生態様によっては雑所得）
取引価額＞時価	簿価と時価の差額は譲渡益、時価差額は受贈益 →いずれも益金	譲渡時には課税関係が生じない

時価差額：取引価額と時価の差額をいう

万円は、売主（A社）が所有不動産を時価よりも高く譲渡したことによる経済的利益であり「受贈益」として益金算入になる（法法22②）。

結果として、法人税の課税所得は計算上、取引価額から取得費を差し引いた金額5,000万円と同額になる。

(2) 買主：個人Bへの課税

譲渡時点では課税関係は生じない。

● 2 | 法人間で譲渡する場合

法人間で譲渡する場合の課税関係を、具体例を用いて検討していくこととする。

【設例】法人間で譲渡する場合

(1)　A社からB社へ土地を譲渡した。

(2)　A社の土地　簿価（取得費）…8,000万円

時価……………1億円

以下の場合の課税関係は、どうなるか。

①　取引価額8,000万円で譲渡した場合

②　取引価額1億3,000万円で譲渡した場合

＜①、②に共通する取扱い＞

法人の場合は、譲渡取引は時価をベースに行われる。

よって、実際の取引価額にかかわらず、法人税の計算上、譲渡益は次のようになる（法法22②、22の2④）。

時価1億円－取得費8,000万円＝2,000万円

■1 取引価額が時価を下回る場合（取引価額＜時価）

(1) 売主：A社への課税

会計上の処理は、「実際の取引価額8,000万円－取得費8,000万円＝譲渡益0円」であるが、税務上の取扱いは時価で譲渡することが前提であるため、「譲渡益」2,000万円が課税所得となる（益金算入）。

取引価額8,000万円と時価1億円の差額（時価差額）の2,000万円は、買主（B社）に売主（A社）から供与された経済的な利益であり、実

質的に贈与又は無償の供与をしたと認められる金額であるため「寄附金」の額になり（法法37⑧）、一定限度額までの損金算入となる（法法37①、法令73①一）。

(2) 買主：B社への課税

時価より低額で譲り受けた場合の時価差額2,000万円は、無償による財産の取得があったものとして「受贈益」として益金算入される（法法22②）。

② 取引価額が時価を上回る場合（取引価額＞時価）

(1) 売主：A社への課税

会計上の処理は、「実際の取引価額1億3,000万円－取得費8,000万円＝譲渡益5,000万円」であるが、税務上の考え方としては法人の場合は時価で譲渡することが前提であるため、譲渡益は2,000万円となる。取引価額1億3,000万円と時価1億円の差額（時価差額）3,000万円は、売主（A社）が所有不動産を時価よりも高く譲渡したことによる経済的利益であり、「受贈益」として益金算入になる（法法22②）。

結果として、法人税の課税所得の計算上は、取引価額から取得費を差し引いた金額5,000万円と同額になる。

(2) 買主：B社への課税

時価差額3,000万円は売り手への「寄附金」の額となり（法法37⑧）、一定限度までの損金算入となる（法法37①、法令73①一）。

●時価と乖離して不動産を譲渡する場合の課税関係
【法人間（完全支配関係なし）で譲渡する場合】

取引価額	売主（法人）の課税関係	買主（法人）の課税関係
取引価額＜時価	時価差額：寄附金（損金算入限度額あり）	時価差額：受贈益
取引価額＞時価	時価差額：受贈益	時価差額：寄附金（損金算入限度額あり）

時価差額：取引価額と時価の差額をいう

● 3 ┃ 完全支配関係にある法人間で譲渡する場合

　完全支配関係法人間で不動産を譲渡した場合に、時価と取引価額が乖離する場合の税務上の取扱いを具体例で確認する。

【設例】完全支配関係にある法人間で譲渡する場合
(1)　グループ法人税制の適用を受ける内国法人Ａ社と内国法人Ｂ社との間で譲渡損益調整資産である土地をＡ社からＢ社に簿価で譲渡した。簿価で譲渡した理由は、時価で譲渡したとしても譲渡時に譲渡損益が繰り延べられることから、簿価による譲渡であれば各法人の所得金額に影響がないと考えたからである。
(2)　Ａ社の土地の取引価額（簿価）　8,000万円の場合の課税関係はどうなるのか？
　　①　取引価額（簿価）8,000万円＜時価1億円の場合
　　②　取引価額（簿価）8,000万円＞時価が6,000万円の場合

■ 取引価額が時価を下回る場合（取引価額（簿価）＜時価）

(1) 売主：Ａ社への課税

　法人の場合、不動産の譲渡に係る収入金額は時価がベースとなるため（法法22の2④）、簿価8,000万円と時価1億円の差額（時価差額）2,000万円を「譲渡益」として計上する。その上でグループ法人税制においては法人による完全支配関係がある場合に限り、譲渡時点ではその譲渡益を認識しないための繰延べ処理（益金不算入）を行う（法法22②、61の11①）。

　また、同額は、買主（Ｂ社）に売主（Ａ社）から供与された経済的な利益であり、実質的に贈与又は無償の供与をしたと認められる金額であるため、「寄附金」の額として認容した上で、全額を損金不算入とする（法法22③、37②）。

(2) 買主：Ｂ社への課税

　法人による完全支配関係がある場合に限り、時価差額2,000万円を「受贈益」として計上し、土地の取得価額に加算した上で、全額を益金不算入とする（法法22②、25の2）。

2 取引価額が時価を上回る場合（取引価額（簿価）＞時価）

(1) 売主：A社への課税

簿価 8,000 万円と時価 6,000 万円との差額である 2,000 万円を「譲渡損」として計上した上で、譲渡時点ではその譲渡損を認識しないための繰延べ処理（損金不算入）を行う（法法 22 ②、61 の 11 ①）。

また、取引価額 8,000 万円と時価 6,000 万円の差額（時価差額）である 2,000 万円は、買主（B社）から受けた経済的な利益であるため「受贈益」として計上した上で、その全額を益金不算入とする（法法 22 ②、25 の 2）。

(2) 買主：B社への課税

時価差額 2,000 万円は買主（B社）から売主（A社）への経済的な利益であり、実質的に贈与又は無償の供与をしたと認められる金額であるため、「寄附金」の額となる（法法 22 ③）。土地の取得価額 8,000 万円から減算した上で、その全額を損金不算入とする（法法 37 ②）。

●時価と乖離して不動産を譲渡する場合の課税関係
【完全支配関係法人間で譲渡する場合】

	売主（A社）の課税関係	買主（B社）の課税関係
取引価額＜時価 （簿価）	譲渡益の計上 譲渡益の繰延（益金不算入） 時価差額：寄附金 　　　　　寄附金の全額損金不算入	時価差額：受贈益の計上 　　　　　受贈益の全額益金不算入
取引価額＞時価 （簿価）	譲渡損の計上 譲渡損の繰延（損金不算入） 時価差額：受贈益 　　　　　受贈益の全額益金不算入	時価差額：寄附金 　　　　　寄附金の全額損金不算入

時価差額：取引価額と時価の差額をいう

Ⅸ 不動産譲渡と消費税

　ここでは、不動産を譲渡した場合の消費税等の取扱いについて確認する。

● 1 売主側の課税関係

1 納税義務者

　事業者（個人事業者及び法人）が国内取引において対価を得て課税資産の譲渡等を行った場合には、原則として納税義務が生じる（消法2①三、四、5①）。

　免税事業者（納税義務を免除された事業者）や、事業者でない者が課税資産を譲渡した場合には、納税義務は生じない。

　具体的には、課税期間の前々年又は前々事業年度（以下「基準期間」という）における課税売上高[21] が1,000万円以下である事業者については納税義務が免除となる（消法9①）。

[21]　課税売上高とは、基準期間において国内で行った課税資産の譲渡等の対価の額から対価の返還等の額を控除した金額をいう（消法9②）。

　また、個人の場合、事業者ではない会社員などが自宅や別荘などの不動産を売却した場合には、課税されない。一方で、個人事業者が事業用の建物を譲渡するなど、その性質上事業に付随して行われる場合は課税対象となる（消令2③、消基通5−1−7）。

2 課税標準

　国内取引において消費税の課税標準は、課税資産の譲渡等の対価の額である（消法28①）。ここでいう対価とは、実際の取引価額であり、時価と乖離している取引価額であったとしてもその額を課税標準として消費税額の計算を行うことを原則とする。

　例外として、法人が資産をその役員に譲渡する場合においてその対価が著しく低い場合（時価の2分の1に満たない場合）には、その価額に相当する金額（時価）をその対価とみなして課税する（消法28①但書、消基通10−1−2。なお例外として同基通10−1−2なお書、10−1−2但書）[22]。

＊22　消基通10－1－2：

　　譲渡された資産が棚卸資産である場合で、その棚卸資産の譲渡金額が、その資産の仕入価額以上の金額で、かつ、通常他に販売する価額のおおむね50％に相当する金額以上の金額であるときは、著しく低い価額により譲渡した場合には該当しない。

消基通10－2－2但書：

　　法人が課税資産を役員に対して著しく低い価額により譲渡した場合でも、その資産の譲渡が、役員及び使用人の全部について一律に又は勤続年数などに応じて合理的に定められた値引率に基づき行われた場合は、一定の場合を除き時価ではなく実際の対価の額により課税される。

●ポイント

　法人から役員へ時価の２分の１未満の価額で不動産を譲渡する場合には、実際の対価ではなく時価により消費税が課税されることに注意したい。

３ 課税対象

　不動産のうち土地（借地権などの土地の上に存する権利を含む。以下「土地等」という）については対価を得て行われるものであっても非課税取引になる（消法6①）。

　建物については、課税資産には棚卸資産又は固定資産等の有形資産が含まれるため課税対象となる（消基通5－1－3）。具体的には、個人事業者及び法人が、事業に使用していた賃貸用や店舗用の建物を譲渡した場合などが該当する。

４ 納付税額の計算

　消費税の納付税額は、課税期間中の課税売上に係る消費税額から課税仕入れ等に係る消費税額を差し引いて計算する（課税仕入れ等に係る消費税額を差し引くことを「仕入税額控除」という（消法30））。

　ただし、基準期間の課税売上高が5,000万円以下で、届出書を事前に提出している事業者は、仕入控除税額について課税売上高に対する税額の一定割合（以下「みなし仕入率」という）で計算する簡易課税制度を選択することができる（消法37）。簡易課税制度によれば実際の課税仕入等に係る消費税額を計算することなく、課税売上高に事業区分毎に決められたみなし仕入率を乗じて仕入控除税額を計算し納付

税額を求めることができる。

> ＜本則課税＞
> 納付税額＝課税売上に係る消費税額－課税仕入等に係る消費税額
> ＜簡易課税＞
> 納付税額＝課税売上に係る消費税額×（1－みなし仕入率）

5 消費税の税率

消費税の税率については以下のとおりである。

	H元.4.1～H9.3.31	H9.4.1～H26.3.31	H26.4.1～R元.9.30	R元.10.1～
消費税率	3	5（1）	8（1.7）	10（2.2）

※経過措置が適用されている場合がある。カッコ内は地方消費税率。

2 買主側の課税関係

　個人及び法人の課税事業者が、事業として他の者へ対価を支払い、資産を譲り受けた場合は、課税仕入れとなり（消法2①十二）、仕入税額控除ができる（消法30）。

　仕入税額控除は、実際に仕入れをした課税期間において行うため、建物などの減価償却資産については、減価償却費の計上時点ではなく、当該建物を購入した課税期間にその購入価額全額に対して仕入税額控除を行う（消基通11－3－3）。

　土地（借地権を含む）の購入費用については非課税取引から生じる非課税仕入であるため仕入税額控除できない。

　また、免除事業者（個人及び法人）は仕入税額控除は受けられない。

　なお、令和2年10月1日以後、事業者が、国内において取得する居住用賃貸建物に係る消費税については、原則として仕入税額控除の適用ができなくなった。（消法30⑩、消基通11－7－1）。

3 土地等と建物を一括譲渡した場合の注意点

　土地等とその土地の上に存する建物を一括して譲渡した場合には、土地等（非課税資産）の譲渡の対価の額と建物（課税資産）の譲渡の

対価の額）を合理的な方法で分けなければならない。

　実務上は不動産鑑定士による評価や不動産売買の仲介業者に査定を依頼するなどの区分のためのいくつかの方法があるが、①譲渡時における土地等及び建物のそれぞれの時価の比率による按分、②相続税評価額や固定資産税評価額を基にした按分、③土地等、建物の原価（取得費、造成費、一般管理費・販売費、支払利子等を含む）を基にした按分する方法などがあげられる。なお、それぞれの対価につき、所得税又は法人税の土地等の譲渡等に係る課税の特例の計算における取扱いにより区分しているときは、その区分した金額による（消令45③、消基通10－1－5）。

> ●ポイント
>
> 　関係者間で土地等と建物を一括譲渡する場合には、消費税の計算上、当事者間で便宜的に土地等と建物の金額を区分して決め契約書を作成するケースはめずらしくない。
>
> 　裁決・裁判例によれば、基本的には、契約書記載の消費税額は合理的に区分されて計算されていると推認されており、これを覆すに足りる証拠等がある場合において区分の妥当性が問われるようである。その場合、「契約当事者の間に同族会社であるなど特殊な利害関係あるいは租税回避の意思や脱法目的等の下に故意に実体と異なる内容を契約書に表示していないか*23」という視点も重要となる。
>
> 　よって、関係者間で不動産を譲渡する場合の土地等と建物の区分については、非関係者取引のケースと大きく乖離した内容になっていないかを検討し、恣意性の介入する余地が少ない公平で実務上はできるだけ簡便な方法で両者を区分することが望ましい。かつ区分の計算についての合理的な根拠を示す資料を準備し保管しておきたい。

＊23　平20.5.8裁決・TAINS J75-5-42

●4 完全支配関係法人間で不動産を譲渡する場合の注意点

　完全支配関係間の法人取引では、譲渡損益の計上を繰り延べる（法法61の11）ことができるが、消費税についてはそのような規定はないことに留意したい。

第3章 非上場株式の譲渡

Ⅰ　はじめに〜本章の概要

　関係者間で非上場株式の譲渡をする場合、最も頭を悩ませるのは課税上の問題が生じない取引金額はいくらかということであろう。

　取引金額が時価でない場合、取引の相手方に経済的利益の供与の有無が課税の判定において重要なポイントとなる。時価とは客観的な交換価値、すなわち不特定多数の当事者間で自由な取引が行われる場合に通常成立すると認められる価値である。純然たる第三者間において、種々の経済性を考慮して定められた価額は税法上でも適正な時価として認められる。ところが非上場株式はそもそも市場がない。したがって、一般的には関係者間においては、財産評価基本通達に基づく税法上の時価を用いることが合理的である。税法上の時価は以下に掲げるような特徴がある。

- 非上場株式の時価は株主の態様により異なる。つまり一物多価である。
- 非上場株式を譲渡した場合の同族株主等の判定の時期は、個人間の譲渡と個人・法人間の譲渡とでは異なる。
- 取引金額が著しく低い対価に該当するか否かの判定は、個人間の譲渡と個人・法人間の譲渡とでは異なる。
- 法人間での低額譲渡に対しては時価と取引金額の差額は法人税法22条2項に定める、無償譲渡の収益認識と寄附金課税の問題が生じる。

　第三者間で経済合理性のある取引金額で非上場株式の譲渡をした場合は、課税上の問題は生じない。しかし、非上場株式は、そもそも取

引の対象となっていないため時価を観念することが困難であり、関係者間においては特別な事情がない限り財産評価基本通達を基に評価した税法上の評価額により算定した価額で取引した方がむしろ合理性がある。ただ、税法上の評価額は株主の議決権の数、あるいは取引の当事者が法人か個人かで異なり、一物多価となっている。

　本章では、ⅡからⅥでは、税目ごとの課税方法、税目ごとの時価、当事者間の時価が異なる場合の課税関係について制度の解説及び具体的な事例、Ⅶでは、裁判例に基づき実務上で留意すべき事項を検討した。

　非上場株式譲渡における課税上の留意点で特徴的なところは、先に述べたように時価が一物多価であることのみならず、個人が介在する取引において「著しく低い価額」による譲渡があった場合、みなし譲渡の課税が生じる場合があるが、個人が法人に譲渡する場合と、個人間の譲渡では「著しく低い価額」の判断基準が異なる。また、個人間で非上場株式を譲渡する場合、株主の議決権割合によって非上場株式の時価が異なるが、時価と異なる価額での譲渡について贈与の認定がある場合と贈与認定がない場合がある。さらに、発行会社を取引の相手にする場合は自己株式の取得あるいは譲渡となり、みなし配当が発生する場合があったり、発行会社においては課税所得が通常発生しないことになったり、あるいは取引の当事者以外の他の株主において贈与があったものとみなされることがある。

　このように関係者間における非上場株式の譲渡では複雑な課税関係が発生する（詳しくはⅤ参照）。

Ⅱ　非上場株式を譲渡した場合の課税方法

　資産を譲渡した場合の課税は、有償か無償か、取引の当事者が個人か法人かで適用される税目が異なる。

● 1　所得税

　個人が非上場株式を譲渡した場合の所得税の所得区分は原則として譲渡所得となるが、発行会社に譲渡した場合、みなし配当が発生し配

当所得も課される場合がある。

1 申告分離課税

(1) 申告分離課税

　個人が非上場株式を譲渡した場合の所得税の計算は、他の所得の金額と区分して譲渡所得（譲渡益）の金額を算定する。譲渡所得の金額の計算方法は以下による。

　譲渡所得の金額＝

　総収入金額（譲渡価額）－必要経費（取得費＋委託手数料等）

　譲渡所得の金額に対する税率は、所得税15％、住民税10％となる（なお、令和19年まではほかに復興特別所得税が基準所得税額に2.1％加算される）。

　株式の譲渡が複数ある場合、上場株式等と非上場株式とは区分して各々別々の申告分離課税とする（所法33、38、措法39）。

　なお、非上場株式の譲渡により譲渡損失が発生した場合は、他の所得金額との通算や損失金額の繰越しができない。

(2) 総収入金額

① 原則

　所得税法における総収入金額とすべき金額は、別段の定めがあるものを除き、その年において収入すべき金額（金銭以外の物又は権利その他経済的な利益をもって収入する場合は、その金銭以外の物又は権利その他の経済的な利益の額）とされている（所法36①②）。所得税では、原則として外部から流入された価値を譲渡所得の総収入金額としており、法人と異なり時価に引き直した課税は行わない。

② 時価課税される場合

　非上場株式譲渡につき次の場合は、時価により譲渡があったものとみなして譲渡所得の金額を算定する（所法59①）。

　①　法人に対する贈与若しくは遺贈

　②　限定承認に係る相続若しくは包括遺贈

　③　法人に対する著しく低い価額の対価（時価の２分の１未満）の額による譲渡

(3) 取得費
① 原則

　非上場株式を譲渡（売却）したときの取得費（取得価額）は、取得したときに支払った購入代金や出資した金額に購入手数料があればそれを加算した金額となる。

　非上場株式を相続（限定承認に係るものを除く）、遺贈（包括遺贈のうち限定承認に係るものを除く）又は贈与により取得した場合は、被相続人、遺贈者又は贈与者の取得費を引き継ぐ（所法60）。

② 取得費が分からない場合

　取得費が分からない場合は、非上場株式の譲渡による収入金額の5％相当額を用いることができる（措通37の10・37の11共－13）。

③ 相続財産の特例

　相続又は遺贈により取得した非上場株式を一定期間内に譲渡した場合は、一定金額を譲渡所得の計算上取得費に加算することができる（措法39）。

ア　特例の譲渡期間

　相続開始のあったことを知った日の翌日から相続税の申告期限（10か月以内）の翌日以後3年を経過する日。

イ　取得費加算額

　譲渡の対象となった非上場株式について相続又は遺贈により取得したときに課された相続税額のうち、その株式の相続税評価額に対応する部分の金額を加算できる。ただし、この加算をする前のその株式の譲渡所得の金額を限度とする。

② 発行会社に譲渡した場合

(1) 原則

　個人が非上場株式をその発行会社に譲渡して、発行会社から対価として金銭その他の資産の交付を受けた場合、その交付を受けた金銭の額及び金銭以外の資産の価額の合計額がその発行会社の資本等の金額のうち、その交付の基因となった株式に対応する部分の金額を超えるときは、その超える部分の金額は配当所得とみなされて所得税が課される。この配当所得は総合課税の対象とされ、配当控除の適用が認め

られる。一方資本等の金額に対応する部分の金額は株式の譲渡に係る譲渡所得の収入金額となる。

(2) 相続により取得した非上場株式を発行会社に譲渡した場合

　相続又は遺贈により財産を取得して相続税額がある者が、相続開始のあったことを知った日の翌日から相続税の申告期限（10 か月以内）の翌日以後３年を経過する日までの間に、相続税の課税の対象となった非上場株式をその発行会社に譲渡した場合は株式の譲渡対価として発行会社から交付を受けた金銭の額が、その発行会社の資本等の金額のうち、その交付の基因となった株式に対応する部分の金額を超えるときであっても、(1)にかかわらず発行会社から交付を受けた金銭の全額がその株式の譲渡所得に係る収入金額とされる。

● 2 ｜ 法人税

■ 1 法人が非上場株式を譲渡した場合

　法人税の各事業年度の所得の金額は、その事業年度の益金の額から損金の額を控除した金額とされる（法法22 ①）。そして益金の額に算入すべき金額は、別段の定めがあるものを除き、資産の販売、有償又は無償による資産の譲渡又は役務の提供、無償による資産の譲受けその他の取引で資本等取引以外のものに係るその事業年度の収益の額とされている（法法22 ②）。資本等取引については、法人税の課税はされない。

　法人が資産を譲渡した場合の税法上の収益の額は、取引金額によるのではなく時価相当額となる。なお、法人が無償又は低額で資産を譲渡した場合、時価相当額と取引金額との差額は、売手から買手への寄附金となる。

　なお、非上場会社における自己株式の譲渡は資本等取引に該当し、一般的には法人税の課税はない*[1]。企業会計上、保有する自己株式を譲渡した場合の譲渡損益は、株主資本等変動計算書上の「その他資本剰余金」となる。

＊１　資本等取引について寄附金課税の認定を行ったものとして、次のような裁判例がある。名古屋高判平 14.5.15 日（TAINS Z252-9121）では債務超過会社

に対する増資について、東京高判平 26.6.12（TAINS Z264-12484）は、減資における払戻額についてそれぞれ、寄附金の認定をした。

　また、その他資本剰余金の残高がマイナスになった場合は、期末にその他資本剰余金をゼロとし、「その他利益剰余金」から控除する。一方税務上は、給付を受けた金銭等の額全体が「資本金等の額」となる（法令 8 ①）。

2 発行会社が自己株式を取得した場合

　非上場会社が株主から自己株式を取得した場合は、取得価額のうち取得した株式に対応する取得直前の資本金等の額に達するまでの金額を資本金等の額から減算する（法令 8 ①二十）。また対価の額が減算した資本金等の額を超える場合は、その超える金額は配当とみなされ（法法 24 ①五）、その金額は利益積立金から減算される（法令 9 ①十四）。株主に自己株式の対価を支払う際には、みなし配当について源泉所得税額を控除する。

Ⅲ 非上場株式を譲り受けた場合の課税関係

　非上場株式の譲渡が時価でなされた場合には譲受側において、課税の問題は生じないが、取引金額が時価でなかったときに譲受側において課税される場合がある。なお純然たる第三者間において種々の経済性を考慮して定められた価額は税法上でも適正な時価として認められる。

　個人間の財産の譲渡で著しく低い価額の対価による場合、その時価と対価との差額に相当する金額は、譲渡人から譲受人への贈与とされ譲受人において贈与税の課税が生じる（相法 7）。なお、時価については、後述する Ⅳ による。

　この場合の個人間の譲渡における著しく低い価額の判断基準は、古い判決[2] ではあるが資産の時価の 4 分の 3 未満としているものがある。個人が法人に対して非上場株式を譲渡する場合の著しく低い価額の判断基準は時価の 2 分の 1 未満であるので、個人間の譲渡の場合と異なることに留意する必要がある。

＊2　大阪地判昭 53.5.11（TAINS Z101-4190）

　法人から個人への低額譲渡については、法人からの贈与とされ両者の関係や契約内容により給与所得あるいは一時所得等の課税が生じる。

　法人間の低額譲渡については、譲受側の法人において時価と対価との差額に相当する金額は無償による資産の譲受けとして益金の額（法法22②）に算入することとなる（詳しくは、後述Ⅳ3を参照）。

Ⅳ 非上場株式の時価

　資産の移転における時価とは、客観的交換価値をいう。しかし非上場株式には市場がないため、客観的交換価値を求めるのは困難である。そこで財産評価基本通達をベースにした通達による評価額を用いる方が、一般的にはむしろ合理的である。非上場株式については適用する税目により、時価の算定方法が異なる。ここで注意すべき点は、財産評価基本通達によって評価することが著しく不適当と認められる場合には、課税庁はこの通達によらないこととされているところである（評基通6）。なお、純然たる第三者間において種々の経済性を考慮して定められた価額は税法上でも適正な時価として認められる。

1 相続税法における時価

　贈与税（相続税法に規定されている）は、贈与により財産が移転する機会にその財産の時価を課税標準として課される税金である。時価は、客観的交換価値とされている。しかし、その時価を求めることが困難な場合が多い。

　財産評価基本通達では、時価とは、課税時期（相続、遺贈もしくは贈与により財産を取得した日等）において、不特定多数の当事者間で自由な取引が行われる場合に通常成立すると認められる価額とし、この財産評価基本通達で時価を定めることとしている（評基通1⑵）。しかし、一方で財産評価基本通達によって評価することが著しく不適当と認められた場合は、この通達によらず国税庁長官の指示を受けて評価することとされている（評基通6）*3。非上場株式の原則的な評価方法については、次の表（評基通178）の大会社、中会社又は小会

社のいずれかに該当するかに応じ、財産評価基本通達 179 の定めによって評価する。

＊3　財産評価基本通達に定める評価方法により難い特別の事情が認められず配当還元方式による評価が否認された事例として平 14.12.20 裁決（TAINS J64-4-30）がある。

規模区分	区分の内容		総資産価額（帳簿鎖額によって計算した金額）及び従業員数	直萌期末以前1年間における取引金額
大会社	従業員数が70人以上の会社又は右のいずれかに該当する会社	卸売業	20 犠円以上（従業員数が 35 人以下の会社を除く）	30 億円以上
		小売・サービス業	15 億円以上（従業員数が 35 人以下の会社を除く）	20 億円以上
		卸売業、小売・サービス業以外	15 億円以上（従業員数が 35 人以下の会社を除く）	15 億円以上
中会社	従業員数が70人未満の会社で右のいずれかに該当する会社（大会社に該当する場合を除く）	卸売業	7,000 万円以上（従業員数が 5 人以下の会社を除く）	2 億円以上 30 億円未満
		小売・サービス業	4,000 万円以上（従業員数が 5 人以下の会社を除く）	6,000 万円以上 20 億円未満
		卸売業、小売・サービス業以外	5,000 万円以上（従業員数が 5 人以下の会社在除く）	8,000 万円以上 15 億円未満
小会社	従業員数が70人未満の会社で右のいずれにも該当する会社	卸売業	7,000 万円未満又は従業員数が 5 人以下	2 億円未満
		小売・サービス業	4,000 万円未満又は従業員数が 5 人以下	6,000 万円未満
		卸売業、小売・サービス業以外	5,000 万円未満又は従業員数が 5 人以下	8,000 万円未満

（参考）取引相場のない株式の評価の原則（評基通 179）

179　前項により区分された大会社、中会社及び小会社の株式の価額は、それぞれ次による。

⑴　大会社の株式の価額は、類似業種比準価額によって評価する。ただ

し、納税義務者の選択により、1株当たりの純資産価額（相続税評価額によって計算した金額）によって評価することができる。

⑵　中会社の株式の価額は、次の算式により計算した金額によって評価する。ただし、納税義務者の選択により、算式中の類似業種比準価額を1株当たりの純資産価額（相続税評価額によって計算した金額）によって計算することができる。

　　類似業種比準価額×L＋1株当たりの純資産価額（相続税評価額によって計算した金額）×（1－L）

　　上の算式中の「L」は、評価会社の前項に定める総資産価額（帳簿価額によって計算した金額）及び従業員数又は直前期末以前1年間における取引金額に応じて、それぞれ次に定める割合のうちいずれか大きい方の割合とする。

　イ　総資産価額（帳簿価額によって計算した金額）及び従業員数に応ずる割合

卸売業	小売・サービス業	卸売業、小売・サービス業以外	割合
4億円以上（従業員数が35人以下の会社を除く。）	5億円以上（従業員数が35人以下の会社を除く。）	5億円以上（従業員数が35人以下の会社を除く。）	0.90
2億円以上（従業員数が20人以下の会社を除く。）	2億5,000万円以上（従業員数が20人以下の会社を除く。）	2億5,000万円以上（従業員数が20人以下の会社を除く。）	0.75
7,000万円以上（従業員数が5人以下の会社を除く。）	4,000万円以上（従業員数が5人以下の会社を除く。）	5,000万円以上（従業員数が5人以下の会社を除く。）	0.60

　（注）　複数の区分に該当する場合には、上位の区分に該当するものとする。

　ロ　直前期末以前1年間における取引金額に応ずる割合

卸売業	小売・サービス業	卸売業、小売・サービス業以外	割合
7億円以上30億円未満	5億円以上20億円未満	4億円以上15億円未満	0.90
3億5,000万円以上7億円未満	2億5,000万円以上5億円未満	2億円以上4億円未満	0.75

2億円以上 3億5,000万円未満	6,000万円以上2億 5,000万円未満	8,000万円以上2億 円未満	0.60

(3)　小会社の株式の価額は、1株当たりの純資産価額（相続税評価額によって計算した金額）によって評価する。ただし、納税義務者の選択により、Lを0.50として(2)の算式により計算した金額によって評価することができる。

1 類似業種比準価額方式

大会社の株式の原則的な評価方法は類似業種比準価額方式である。これは、「大会社は、上場株式や気配相場等のある株式の発行会社に匹敵するような規模の会社であることから、その株式が通常の状態において取引されるとすれば上場株式等の取引価額に準じた価額が付されると想定される[*4]」ためである。

[*4]　宇野沢貴司編集『令和2年版 財産評価基本通達逐条解説』637頁（大蔵財務協会）

＜算式＞

$$A \times \left[\frac{\frac{Ⓑ}{B} + \frac{Ⓒ}{C} + \frac{Ⓓ}{D}}{3} \right] \times 0.7$$

(1)　上記算式中の「A」、「Ⓑ」、「Ⓒ」、「Ⓓ」、「B」、「C」及び「D」は、それぞれ次による。

「A」＝類似業種の株価

「Ⓑ」＝評価会社の1株当たりの配当金額

「Ⓒ」＝評価会社の1株当たりの利益金額

「Ⓓ」＝評価会社の1株当たりの純資産価額（帳簿価額によって計算した金額）

「B」＝課税時期の属する年の類似業種の1株当たりの配当金額

「C」＝課税時期の属する年の類似業種の1株当たりの年利益金額

「D」＝課税時期の属する年の類似業種の1株当たりの純資産価額（帳簿価額によって計算した金額）

(注)　類似業種比準価額の計算に当たっては、Ⓑ、Ⓒ及びⒹの金額は183≪評価会社の1株当たりの配当金額等の計算≫により1株当たりの資本金等の額を50円とした場合の金額として計算することに留意する。

 (2) 上記算式中の「0.7」は、178≪取引相場のない株式の評価上の区分≫に定める中会社の株式を評価する場合には「0.6」、同項に定める小会社の株式を評価する場合には「0.5」とする。

 1株当たりの利益金額を算定するに当たり法人税の課税所得金額を基にするのは、「上場会社のような監査業務は課されておらず、利益計算の恣意性を排除し、評価会社の株式を同一の算定基準により評価することはが合理的である[*5]」ためである。また、1株当たりの純資産価額についても、同様の理由により法人税法等の数値を用いることとされている。

＊5 前掲＊4 667頁

2 純資産価額方式

 小会社の株式評価は、原則として純資産価額方式である。その理由は、「事業規模や経営の実態からみて個人企業に類似するものであり、これを株式の実態からみても、株主が所有する株式を通じて会社財産を完全支配していることろから、個人事業者が自らその財産を所有している場合と実質的に変わりはない。そこで、小会社の株式は、それが会社財産に対して持分を表現することに着目して[*6]」純資産価額方式により評価する。

＊6 前掲＊4 681頁

＜算式＞

$$\left(\begin{array}{c}\text{総資産価額((相続}\\\text{税評価額による))}\end{array} - \begin{array}{c}\text{負債の}\\\text{合計額}\end{array} - \begin{array}{c}\text{評価差額に対}\\\text{する法人税額}\\\text{等相当額}※\end{array}\right) ÷ \begin{array}{c}\text{課税時期における}\\\text{発行済株式数}\end{array}$$

$$※\begin{array}{c}\text{評価差額に対}\\\text{する法人税額} \\\text{等相当額}\end{array} = \left(\begin{array}{c}\text{相続税評価額によ}\\\text{る純資産価額}\end{array} - \begin{array}{c}\text{帳簿価額による}\\\text{純資産価額}\end{array}\right)×37\%$$

3 配当還元方式

 同族株主以外の株主等が取得した株式については、上記の**1**、**2**の原則的評価方式ではなく、特例的評価方式である配当還元価額によって評価する。

 配当還元方式による評価方法については、裁判例[*7]では「持株割合が少数で会社に対する影響力を持たず、ただ配当受領にしか関心のないいわゆる小株主又は零細株主が取得した株式で、かつ、小株主又

は零細株主が評価会社の純資産価額や資産状態及び収益状況等の資料を入手することが困難で、純資産価額方式等により評価することが適当でないという事情を配慮し、その結果、特例的に認められた簡便な評価方法である」と説示されている。

＊7　大分地判平 13.9.25（TAINS Z251-8982）

$$\frac{その株式の年配当金額^※}{10\%} \times \frac{その株式の1株当たりの資本金等の額}{50円}$$

※年配当金額（2円50銭未満は2円50銭）＝$\frac{直前期末以前2年間の配当金額}{2}$÷1株当たりの資本金等の額を50円とした場合の発行済株式数（資本金等の額÷50円）

配当還元方式は、配当の資本に対する収益還元率を 10％としている。これは、「将来値上がり期待その他配当金の実績による利回り以外の要素がある上場株式とは異なっていること、また、収益が確定的であり、安定している預金、公社債とは異なることなどから、比較的高い還元率を採用することによって評価の安全を図る＊8」こととしたものである。

＊8　前掲＊4　733 頁

また、1 株当たりの配当金（資本金等の額を 50 円で換算）が 2 円50 銭に満たない場合、年 2 円 50 銭とした理由は、「実際に配当可能利益があるにもかかわらず、政策的にこれを留保し配当しない場合が多くみられることを考慮＊9」したものである。

＊9　前掲＊4　733 頁

４ 株主の態様による評価方式

非上場株式の個人間の贈与については、受贈者との親族関係の有無等によりその時価が異なる。具体的には次頁の表のとおりである。この場合、株式を取得した後における株主の議決権割合により評価する。株式の取得者によって、その時価が異なる。

なお、この表における「同族株主」「中心的な同族株主」「中心的な株主」の定義は次のとおりである（評基通188）。

(1) 同族株主

同族株主とは、課税時期におけるその株式の発効会社の株主のうち、

●株主の態様による評価方法

株主の態様による区分				評価方式
会社区分	株主区分			
同族株主のいる会社	同族株主グループ (30％以上 (50％超)) に属する株主	取得後の議決権割合5％以上の株主		原則的評価方式（純資産価額方式による評価額については、20％の評価減の特例が適用される場合がある）
		取得後の議決権割合5％未満の株主	中心的な同族株主がいない場合の株主	
			中心的な同族株主 (25％以上) がいる場合の株主	中心的な同族株主
				役員である株主又は役員となる株主
				その他の株主
	同族株主以外の株主			特例的評価方式
同族株主のいない会社	議決権割合の合計が15％以上のグループに属する株	取得後の議決権割合5％以上の株主		原則的評価方式（純資産価額方式による評価額については、20％の評価減の特例が適用される）
		取得後の議決権割合5％未満の株主	中心的な株主がいない場合の株主	
			中心的な同族株主 (10％以上) がいる	役員である株主又は役員となる株主
				その他の株主
	議決権割合の合計が15％未満のグループに属する株主			特例的評価方式

（出典）宇野沢貴司編『令和2年版　財産評価基本通達逐条解説』717頁（大蔵財務協会）

　株主の1人及びその同族関係者（その株主の親族等及びこれらの者と特殊関係にある会社を含む）の有する議決権の合計数が、その会社の議決権の数の30％以上（議決権の合計数が最も多いグループの有する議決権の合計数がその会社の総議決権数の50％超である場合は、その株主グループの総議決権数が50％超）である場合におけるその株主及びその同族関係者をいう。

(2) 中心的な同族株主

　中心的な同族株主とは、同族株主のいる会社の株主で、課税時期において同族株主の1人並びにその株主の配偶者、直系血族、兄弟姉妹及び1親等の姻族（これらの者と特殊関係にある会社のうち、これらの者が有する議決権の合計数が、その会社の議決権総数の25％以上である会社を含む）の有する議決権の合計数がその会社の議決権総数の25％以上である場合におけるその株主をいう。

(3) 中心的な株主

同族株主のいない会社の株主で、課税時期において株主の１人及びその同族関係者の有する議決権の合計数がその会社の議決権総数の15％以上である株主グループのうち、いずれかのグループに単独でその会社の議決権総数の10％以上の議決権を有している株主がいる場合におけるその株主をいう。

●2 │ 所得税法における時価

1 個人間の譲渡

個人が資産を譲渡した場合、その資産の移転時において顕在化した値上がり益に対して所得税が課される。資産の譲渡による所得は譲渡所得に該当し、法律において別段の定めがある場合を除いて、取引金額が収入すべき金額として譲渡所得の総収入金額となる(所法36①)。個人間で非上場株式の譲渡をした場合、原則としては取引金額が譲渡所得の収入金額となる。一方、譲り受けた個人については、時価よりも著しく低い価額の対価で譲渡された場合、その譲渡したときの時価と対価との差額について資産を譲渡した者から贈与があったものとみなされる（相法7）。

ここでの時価は上記 1 の財産評価基本通達に規定される評価額になるのか、時価より著しく低い価額とはどのくらい低い場合に著しいとされるかということが問題になる。国税庁の見解では、時価について「その財産が土地や借地権などである場合及び家屋や構築物である場合には通常の取引金額に相当する金額を、それ以外の財産である場合には相続税評価額[10]」とされている。したがって、個人間で非上場株式の譲渡を行った場合は、一般的に上記 1 の財産評価基本通達によることとなる。

＊10　国税庁タックスアンサー No.44423（令和３年５月１日現在）

なお、非上場株式を個人間で譲渡した場合「著しく低い価額の対価」の基準は「資産の時価の２分の１に満たない金額」ではない。個々の具体的事案に基づいて判定することとなるが、裁判例では古い裁判例[11]であるが「著しく低い価額の対価」の判定基準を４分の３未満

としているものがある*12。

＊11　前掲＊2　大阪地裁判決

❷ 個人・法人間の譲渡

個人が法人に非上場株式を譲渡した場合の時価は、低額譲渡の規定についての通達に示されている。個人が法人に対して非上場株式を著しく低い価額の対価で譲渡した場合は、時価で譲渡があったものとみなされ（所法59①一）、著しく低い価額の対価は時価の2分の1未満の金額による場合のとされている（所令169）。

その時価については通達（所基通59－6）に規定され、同通達では次のことを条件として上記❶の財産評価基本通達の例によって算定することとされている。

① 評価の判定時期は株式を取得後でなく譲渡又は贈与直前と読み替える。

② 譲渡又は贈与直前に発行会社の「中心的な同族株主」に該当す

●所得税基本通達59－6に基づく株主の態様による評価方法

株主の態様による区分					評価方式
会社区分	株主区分				
譲渡等直前に同族株主のいる会社	譲渡等直前に同族株主グループに属する株主	取得後の議決権割合5％以上の株主			原則的な評価方式
		譲渡等直前の議決権割合5％未満の株主	中心的な同族株主がいない場合		
			中心的な同族株主がいる場合の株主	中心的な同族株主	
				役員である株主又は役員となる株主	
				その他の株主	特例的な評価方式
	同族株主以外の株主				
譲渡等直前に同族株主のいない会社	譲渡等直前に議決権割合の合計が15％以上のグループに属する株主	取得後の議決権割合5％以上の株主			原則的な評価方式
		譲渡等直前の議決権割合が5％未満の株主	中心的な株主がいない場合の株主		
			中心的な同族株主がいる場合の株主	役員である株主又は役員となる株主	
				その他の株主	
	議決権割合の合計が15％未満のグループに属する株				特例的な評価方式

（出所）国税庁資産課税課「『所得税基本通達の制定について』の一部改正について（法令解釈通達）」の趣旨説明（情報）（資産課税課情報第22号令和2年9月30日）

るときは「小会社」に該当するものとする。

③　発行会社が土地等又は上場有価証券を有しているときの純資産
価額方式の計算では、その譲渡又は贈与時の市場価額で評価する。

④　純資産価額方式では評価差額に対する法人税等に相当する金額
の控除はしない。

3 取得者課税とは異なる課税がなされる理由

「譲渡所得に対する課税は、資産の値上がりによりその資産の所有
者に帰属する増加益を所得として、その資産が所有者の支配を離れて
他に移転するのを機会に、これを清算して課税する趣旨のものであ
る[12]」ことから、相続税や贈与税のような取得者課税とは意味が異
なるためである。

[12]　最判昭 47.12.26

なお、法人が個人に対して非上場株式を譲渡した場合の非上場譲渡
の時価も上記と同様となると考える[13]。さらに非上場会社が自己株
式を譲渡した場合は、資本等取引に該当し一般的に法人税の課税はな
い。

[13]　藤曲武美氏は「この場面で所基通 59 － 6 が直接に適用されるかは疑問」
とのコメントを付されている（藤曲武美「所得税にける財産評価の今日的
問題」日税研論集「租税法における財産評価の今日的理論問題」第 68 号 90
頁（日本税務研究センター）。また、木村英幸氏も同様の評価額を採用して
いる（木村英幸「法人が介入する場合の株式譲渡と税務上の時価」税経通
信 2018 年 11 月号 61 頁）。なお、法人が個人に非上場株式を譲渡した際の
個人の時価について財産評価基本通達を採用した裁決例として平 15.11.20 裁
決（TAINS J66-2-12）がある。

また、個人から発行会社への株式の譲渡が高額譲渡であった場合、
譲受側の法人においては、時価を基にして資本等の金額とみなし配当
の認識をする。譲渡者については、時価との差額については利益の移
転があったものとして、一時所得等となる[14]。

[14]　東京地判平 25.9.27（控訴審　最高裁不受理。TAINS Z263-12298）を斟酌
している。

●3 法人税法における時価

　法人税法上の非上場株式の時価については、法人税法での規定はないが低額譲渡の場合の時価についての通達（法基通２−３−４、４−１−５、４−１−６）がある。同通達によると、売買実例があれば譲渡があった日前６か月以内における適正と認められる額、売買実例がない場合でその発行会社と類似する法人に比準した価額、それ以外については課税上弊害がない限り次のことを条件として、上記 **1** の財産評価基本通達の例によって算定する。所得税の規定と同様である。その条件は、次のとおりである。

① 　発行会社が「中心的な同族株主」に該当するときは「小会社」として評価する。

② 　純資産価額方式の評価において発行会社が土地等及び上場有価証券を有しているときは譲渡時の時価（市場価額）による。

③ 　純資産価額方式では評価差額に対する法人税等に相当する金額の控除はしない。

　所得税法59条の低額譲渡における時価との違いは、法人に対する譲渡の場合、株主区分等は譲渡又は贈与直前の議決権数により区分するが、法人税法上の時価の判定では、取引時における売主なり取得者なりの立場に応じて区分するものと考えられる*15。

＊15　前掲＊13藤曲

●4 譲渡対価が税法上の時価である場合の課税関係

　非上場株式を税法上の時価で譲渡した場合の課税関係は、次の表とおりである。ここで時価調整原則的評価額*16とは、評価に財産評価基本通達の純資産価額方式を用いる場合、発行会社が土地等又は上場有価証券等を有するときに財産評価基本通達による価額でなく、市場価額に置き直して評価するものである。法人が個人に非上場株式の譲渡をする際の税法上の時価については明確な規定はないが、時価調整原則的評価額とする見解が多い*17。

＊16　「時価調整原則的評価額」の名称は藤曲＊14を引用した。

●譲渡対価が税法上の時価である場合の課税関係

売買の当事者		税法上の時価	売主の課税関係
売主	買主		
個人	個人	財産評価基本通達による評価額	譲渡所得（申告分離課税・20.315％）
法人		時価調整原則的評価額	譲渡損益として課税
個人	法人（発行会社以外）	時価調整原則的評価額	譲渡所得（申告分離課税・20.315％）
法人		時価調整原則的評価額	譲渡損益として課税
個人	発効法人	時価調整原則的評価額	譲渡価額のうち交付した株式に対応する直前の資本金等の額部分の金額と譲渡価額との差額については、みなし配当として課税（相続等一定の場合は譲渡所得）
法人		時価調整原則的評価額	譲渡価額のうち交付した株式に対応する直前の資本金等の額部分の金額と譲渡価額との差額については、みなし配当として保有割合により益金不算入（一定の場合は譲渡課税）

＊17　前掲＊13藤曲90頁、＊13木村61頁

　なお、純然たる第三者間において種々の経済性を考慮して定められた価額は、税法上でも適正な時価として認められる。

V　時価が異なる場合の譲渡

　利害関係のない第三者間の取引において形成される価額に対して、本来課税上の問題が生ずることにはならない。時価とは客観的な交換価値、すなわち不特定多数の当事者間で自由な取引が行われる場合に、通常成立すると認められる価値である。

　しかし、非上場株式においては、その名称が示すように市場がないので客観的交換価値を算定することは至難の業であり、特に関係者間

の取引は不特定多数の当事者間ではないため、Ⅲ3に記述したように財産評価基本通達に準じて算定する方が実務的である。その場合、非上場株式の時価は発行会社の議決権の数、さらに適用税目に応じて異なる。同族株主と同族株主以外の株主（以下「少数株主」という）との間での非上場株式の譲渡では時価が異なることとなり、これをまとめると次頁の表*18のようになる。

＊18　前掲＊13藤曲86～96頁を参考

【表の見方】

・次頁の表は売主及び買主の下に示されている価額が各株主区分における時価である。

・また前提として譲渡人において譲渡後も株主の区分に変化はないものとする。

・上述Ⅲ2及び3の非上場株式の時価評価を「時価調整原則的評価額*19」と表現する。時価調整原則的評価額とは、評価において純資産価額方式を用いる場合に、発行会社が土地等又は上場有価証券等を有するときに財産評価基本通達による価額ではなく市場価額に置きなおして評価したものである。したがって、各評価額の価額は、通常、次のようになる。

＊19　前掲＊13藤曲より引用

配当還元額　＜　原則的評価額　＜　時価調整原則的評価額

以下では、次頁の表の売主と買主のパターンAからHに基づき解説を行う。

●1 個人間の譲渡

個人間で非上場株式を譲渡した場合の時価は、相続税評価額となる。それによると、各々の時価は同族株主は原則的評価額、少数株主は配当還元額である。通常、配当還元額の方がはるかに低額である。また、個人間の譲渡では、著しく低い価額で株式の譲渡を受けた場合は、取得者についてみなし贈与となり贈与税が課される場合がある。

パターンA　同族会社のオーナーが従業員に持株を譲渡する場合

原則的評価額で譲渡が行われた場合、譲受人から譲渡人に対する贈

●個人間の譲渡

	売主	買主	備考
A	同族株主 原則的評価額	少数株主 配当還元額	課税なし
B	少数株主 配当還元額	同族株主 原則的評価額	配当還元額の譲渡は譲受人にみなし贈与課税

●個人・法人間の譲渡

	売主・個人	買主・法人	備考
C	同族株主 時価調整原則的評価額	少数株主 配当還元額	配当還元額の譲渡は売主にみなし譲渡課税の問題
D	少数株主 配当還元額	同族株主 時価調整原則的評価額	買主が発行会社のときは自己株式の取得

	売主・法人	買主・個人	備考
E	同族株主 時価調整原則的評価額	少数株主 配当還元額	配当還元額の譲渡は売主に寄附金課税
F	少数株主 配当還元額	同族株主 時価調整原則的評価額	配当還元額による譲渡は譲受人に経済的利益の問題

●法人間の譲渡

	売主	買主	備考
G	同族株主 時価調整原則的評価額	少数株主 配当還元額	配当還元額の譲渡は売主に寄附金課税
H	少数株主 配当還元額	同族株主 時価調整原則的評価額	譲渡対価によって課税

与の有無については、譲受人は低額譲渡に当たらないため課税は生じない。また、配当還元額による譲渡では、譲受人において相続税評価額であるためみなし贈与の適用はない。

パターンB 同族会社のオーナーが従業員が保有していた株式を買い戻す場合

配当還元額による譲渡は、みなし贈与の対象になり譲受人に贈与税

が課される場合がある。

● 2 │ 個人・法人間の譲渡

　個人が法人に非上場株式を譲渡する場合は、所得税法 59 条のみな
し譲渡（Ⅳ 2 2）の問題が生ずる。譲渡者の譲渡直前の議決権の割合
により時価を判定し、譲渡者の時価の２分の１未満の対価で譲渡した
場合は、その時価で譲渡したものとみなされて所得税の課税関係が生
ずる。

パターンC 　発行会社のオーナーが営業上の関係の強化のため取引先
　　　　　　　　等に譲渡する場合

　譲渡者は同族株主であるから、譲渡直前の時価は時価調整原則的評
価額となる。一方、譲受会社は少数株主であるから、この会社にとっ
ての時価は、Ⅳ 3 に示すとおり、配当還元額となる。

　時価調整原則的評価額で譲渡した場合は、譲渡者である個人は、譲
渡者にとっての時価であり、みなし譲渡課税はなく、譲渡所得の算定
をする。時価調整原則的評価額での取引は、譲受会社にとって高額で
取得したことになるが、法人における原則的な評価方法は、時価調整
原則的評価額になるので寄附金の課税はないものと考える。したがっ
て、譲受側の法人の非上場株式の取得価額は、取引金額である時価調
整原則的評価額となる。

　配当還元額で譲渡する場合は譲渡者側に所得税法 59 条のみなし譲
渡課税の問題が生ずる。譲受側の法人にとっては時価での取引なので
受贈益課税の問題はない。

パターンD 　同族会社の従業員が退職に際し、その同族会社に株式を
　　　　　　　　譲渡する場合

　この場合は自己株式の取得に当たる。譲受会社が株式の発行会社と
なる場合は自己株式の買取りになり、法人税法上資本等取引に該当し
一般的に支払対価に係る受贈益の課税はない。発行会社の税務上の会
計処理は、金銭の交付額のうち譲渡された議決権割合に相当する資本
金等の金額を減額し、残金に相当する利益積立金を減額する。利益積
立金の減額はみなし配当になる。発行会社は利益積立金に相当する額

から所得税・復興税20.315％の源泉をして譲渡者に支払う。

　また、高額譲渡であった場合、譲受側の法人においては、時価を基にして資本等の金額とみなし配当の認識をする。譲渡者については、時価との差額については利益の移転があったものとして、給与所得又は退職所得となる。

パターンE　同族会社である持株会社が子会社株式をその従業員に譲渡する場合

　法人から個人への譲渡（Fも同様）については、法人の非上場株式の時価は時価調整原則的評価額（**Ⅳ3**）である。一方、譲受人である個人については明確な規定はないが、個人の時価についても所得税基本通達59－6（個人が法人に譲渡した場合の時価）、つまり時価調整原則的評価額を用いる[20]。時価調整原則的評価額で譲渡した場合は、譲渡会社にとって時価であるので両者に課税関係は生じない。

＊20　前掲＊12参照

　配当還元額で譲渡した場合は、譲渡会社は時価調整原則的評価額で譲渡したものとみなされ対価との差額は寄附金課税の対象となる。

パターンF　オーナーが同族会社の株式を取引先等から買い戻す場合

　個人の譲渡所得については、別段の定めがあるものを除き収入金額は取引金額とされる。別段の定めでは、非上場株式等を個人が法人に譲渡する際に、取引金額が時価の2分の1未満であった場合は、時価で取引があったものとするみなし譲渡の規定を置いている。この場合の時価は、時価調整原則的評価額となる。一方、法人が個人へ非上場株式を譲渡する場合には、譲受人である個人にとっての税法上の時価についての規定はないが、時価調整原則的評価額と考える。時価調整原則的評価額で譲渡した場合は、両者に課税上の問題は生じない。

　配当還元額で譲渡した場合は譲受人に経済的利益についての課税がなされる。個人が法人から利益の移転を受けたものとして、時価との差額については法人からの贈与があったものとされ、労務その他の役務又は資産の譲渡の対価としての性質の有無により、給与所得あるいは一時所得等となる。

● 3 | 法人間の譲渡

パターン G 同族会社である持株会社が取引先等に子会社株式を売却した場合

　配当還元額で譲渡した場合は、譲渡会社については時価との差額の受贈益について寄附金課税の対象となる。譲受会社は時価での取引なので、課税関係は生じない。

　時価調整原則的評価額での譲渡は、譲受会社にとって高額であるが、営業政策等の事由がある場合には、課税上の問題は生じない。

パターン H 取引先等の会社から同族会社である持株会社にその子会社株式を譲渡する場合

　配当還元額での取引は、譲受法人において時価との差額が受贈益として寄附金課税の対象となる。

　時価調整原則的評価額での譲渡は、譲渡会社では売却益に対する課税がなされ、譲受法人においては課税関係が生じない。

VI | 設例による検討

● 1 | 非上場会社が同族株主から発行株式を買い取った場合の課税関係

> 【質問】
> 　オーナー甲一族が、X社の発行済株式総数（すべて普通株式）の70％を保有している。オーナー甲は、弟乙（X株式の発行済株式総数10％保有）より、X社の株式をすべて買い取ってほしい旨の要請を受け、発行会社であるX社が取得することとなった。この場合、課税上どのような点に注意する必要があるか。

【回答】

（1）低額譲渡の判定

① 法人に対する譲渡の課税関係

　法人に対する譲渡については、所得税法59条のみなし譲渡に該当

するかの確認が必要である。譲渡した株式の評価は、譲渡直前の議決権の数で判定する。本件では、譲渡直前にオーナー一族が議決権総数70％を保有し、乙は同族株主に当たる。また、譲受人Ｘ社は乙にとって同族会社であるので、同族株主に該当する。所得税法59条の法人に対する低額譲渡に用いる非上場株式の時価は、上記**Ⅳ 2 2**の時価調整原則的評価額となる。

② Ｘ社は自己株式の取得

自己株式の取得は、法人税法上、資本等取引に該当することから、一般的には支払対価に係る受贈益の課税はない。発行会社Ｘ社の税務上の会計処理は、金銭の交付額のうち譲渡された議決権割合に相当する資本金等の金額を減額し、残金に相当する利益積立金を減額する。利益積立金の減額は、みなし配当になる。利益積立金に相当する額から所得税・復興税20.315％の源泉をして乙に支払う。

③ 乙の所得税の計算

ア 時価調整原則的評価額の1/2以上で譲渡した場合

乙において、みなし譲渡課税の問題は生じない。Ｘ社における資本金等の減少額に相当する額が譲渡所得の総収入金額となり、取得費を控除して譲渡所得を算定する。Ｘ社のみなし配当に対応する金額は、乙の配当所得に該当する。

イ 時価調整原則的評価額の1/2未満で譲渡した場合

乙において所得税法59条の法人に対する低額譲渡に当たり、みなし譲渡課税の対象になる。Ｘ社における資本金等の減少額に相当する額が乙の譲渡所得の収入金額となり、時価調整原則的評価額と実際取引金額のとの差額はみなし譲渡の収入金額となる。実際の譲渡対価の額と資本金等の減少額の差額はみなし配当金額に該当する。

(2) Ｘ社の他の株主の課税の有無

他の株主について、乙に対する低額譲渡により1株当たりの財産評価基本通達による価額が譲渡前よりも著しく増加する場合は、その差額について乙から経済的利益の供与があったものとみなされ、贈与税の課税対象になることがある。

● 2 同族会社のオーナーが従業員持株会に自社株式を配当還元価額で譲渡した場合

【質問】

　X社の発行済株式（すべて普通株）の90％は、代表取締役甲一族が保有する同族会社である。このたび、甲が従業員持株会に対してX社株式の発行済株式数の20％を配当還元価額で譲渡することとなった。この場合、法人に対するみなし譲渡の課税の問題が生じることとなるか。なお、従業員持株会には甲の同族関係者はいない。また、従業員持株会は民法667条に規定する組合である。

【回答】

　いわゆる従業員持株会は、社団型と組合型があり、X社の従業員持株会は民法上の組合である。

　日本証券業協会による「持株制度に関するガイドライン」（以下「ガイドライン」という）では、「従業員持株会は、実施会社及び実施会社の子会社の従業員による取得対象株式の取得、保有の促進により、従業員の福利厚生の増進及び経営への参加意識の向上を図ることを目的とする」としている。非上場会社の従業員持株会は、必ずしもガイドラインに従う必要はないが、参考となるためその内容の一部を紹介する。

　ガイドラインでは、従業員持株会の組織は民法667条1項に基づく組合を前提としており、従業員の全部あるいは一部がその会社の株式の取得を目的として運営する組織である。持株会の会員の中から持株会を代表する理事長を選任し、理事長が持株会の定める業務を執行する。持株会が取得した株式は、理事長名義とし、会員を共同委託者、理事長を受託とする管理信託財産として保管することとなる。

　X社の従業員持株会は組合型であることから、その取得や譲渡にかかる税務についてはパススルー課税の適用により、X社の持株会の財産は組合員である従業員の合有になり、利益の分配、残余財産の分配のほか持株会の対外的な権利・義務も組合員の出資割合に応じて、直接に組合員に帰属・負担することになる。

　民法上の組合型の従業員持株会に対する取引は、所得税法の適用上従業員持株会の組合員である従業員の出資持分に応じて直接譲渡したものとされる。したがって、甲の時価とされる財産評価基本通達による原則的評価額の2分の1未満の価額による譲渡であったとしても、法人に対する譲渡に当たらないため、みなし譲渡（所法59）の対象にならない。譲受人は同族関係者でないため、その場合の税法上の時価は配当還元額となり、両者にとって課税上の問題は生じない。

　会社から持株会に支払われる奨励金は、会員の給与として課税される。配当金は、株式の名義人である理事長宛てに一括して支払われるが、実質的には、各会員の有する株式の持分に応じて各会員に支払われるものなので、各会員の配当所得として課税される。非上場会社から受ける配当金は、総合課税の対象の配当所得となり配当控除の適用を受けることができる。

●3 同族関係者間における非上場株式の負担付贈与

【質問】
　同族会社（X社）の代表取締役甲は、同社の一人株主である。現在、引退を考えており、親族乙に対してその株式を贈与する予定である。その贈与については、X社からの借入金も併せて負担付贈与とした場合の課税関係は、次の条件ではどのようになるか。
＜条件①＞
　株式の評価額　1,500　　債務の額 1,000
＜条件②＞
　株式の評価額　600　　債務の額 1,000

【回答】
　負担付贈与は贈与者に経済的利益をもたらす贈与ではなく、X社の甲に対する金銭債権の額を対価とする有償取引に当たる（負担付贈与通達（課資2－49・平3.12.18））。
　譲渡所得の計算においては、原則として取引金額が総入金額に算入すべき金額となる。したがって、甲における譲渡所得の計算は、甲の

X 社からの借入金の額 1,000 を総収入とし、控除すべき X 社株式の取得費は、原則として甲が出資した金額である。

しかし、取引金額と非上場株式の時価が著しく乖離した場合は、その経済的利益に対して贈与があったものとみなされる。

取引金額に比べ時価が著しく高かった場合は、時価と取引金額との差額は甲から乙への経済的な利益が贈与されたものとみなされ、甲において譲渡所課税のみならず、乙において贈与税が課される。時価の算定は、**Ⅳ 1** の財産評価基本通達による。この場合の株主区分は、譲渡所得は譲渡による資産の移転時に値上がり益が実現したものとして課税を行うので、譲渡直前の株主区分で判定する。したがって、甲は同族株主であるので財産評価基本通達による原則的評価額が時価となる。

取引金額に比べて時価が著しく低かった場合は、取引金額と時価との差額は乙から甲への贈与があったものとみなされる（相法 7）。この取引の結果、乙は一人株主となるので、非上場株式の時価つまり贈与税における財産評価基本通達による評価額は原則的評価額となる。

条件①でも②であっても、X 株式の 1,000 での有償譲渡になる。条件①の X 株式の時価は 1,500 で取引金額は時価の 66％である。これは低額譲渡に当たるため 500 について甲から乙へのみなし贈与（相法 7）により贈与税が課される。

条件②では、逆に 400 が乙から甲へのみなし贈与とされる。

Ⅶ 裁判例の検討

● 1 最高裁令和 2 年 3 月 24 日判決 (TAINS Z270-13404)

● 非上場株式を譲渡した際の株式評価における株主区分は譲渡直前の譲渡した株主の議決権割合で判断すべきとした事例

（最高裁判所第三小法廷平成 30 年（行ヒ）第 422 号所得税更正処分取消等請求事件）

本件判決により、所得税基本通達 59 - 6 の改正が行われた。通達

の改正について、国税庁は本件判決による同通達の改正は従来の通達の取扱いを変更するものでないとしながらも、本件判決に付された裁判官の補足意見において、本通達の作成手法については、分かりやすさという観点から改善されることが望ましい等の指摘を受けたことによると説明されている（令2.9.30国税庁資産課税課　資産課税情報第22号）。

＜事案の概要＞

　本件判決は、所得税法59条1項（個人の法人に対する非上場株式の低額譲渡の規定）の規定の解釈を誤った違法があるとして原審に差し戻した判決である。これに基づき同条文の解釈通達である所得税基本通達59－6の「その時における価額」の改正*21があった。改正後の通達では取引相場のない株式の評価は、株式の取得者ではなく譲渡した者の譲渡直前の態様により財産評価基本通達の例によって算定されることが明確になった。

＊21　令2.9.30国税庁資産課税課　資産課税情報第22号

　Bは、平成19年8月1日にA社（甲が代表取締役）の株式72万5,000株（以下「本件株式」という）を関連会社C社に1株当たり75円（配当還元価額）で譲渡し、同年12月に死亡した。Bの配偶者等（以下「Xら」という）はBの財産を相続し、平成20年3月13日に甲の準確定申告書をした。これに対してY税務署長は本件申告につき、本件株式の価額は財産評価基本通達に定める類似業種比準価額（1株当たり2,505円）である旨の更正処分等をし、Xらはこれを不服として国に対しその取消しを求める訴訟を提起した。

　A社は金属製品の製造等を目的とする会社で、財産評価基本通達上の大会社に該当する。またC社は投資活動等を目的としA社の持株会の補完的機能を有している会社である。本件譲渡前の甲のA社株式の議決権は15.88％で、Xらと合わせて22.79％を保有していた。所得税基本通達59－6を準用するに当たり、同族会社等の態様の判定についての議決権数を譲渡前によるか譲渡後によるかが争われた。

＜裁判所の判断＞

(1)　譲渡所得に対する課税は、資産の値上がりによりその資産の所有者に

帰属する増加益を所得として、その資産が所有者の支配を離れて他に移転するのを機会に、これを清算して課税する趣旨のものである〔最高裁昭和 41 年（行ツ）第 8 号同 43 年 10 月 31 日第一小法廷判決・裁判集民事 92 号 797 頁、最高裁同 41 年（行ツ）第 102 号同 47 年 12 月 26 日第三小法廷判決・民集 26 巻 10 号 2083 頁等参照〕。すなわち、譲渡所得に対する課税においては、資産の譲渡は課税の機会にすぎず、その時点において所有者である譲渡人の下に生じている増加益に対して課税されることとなるところ、所得税法 59 条 1 項は、同項各号に掲げる事由により譲渡所得の基因となる資産の移転があった場合に当該資産についてその時点において生じている増加益の全部又は一部に対して課税できなくなる事態を防止するため、「その時における価額」に相当する金額により資産の譲渡があったものとみなすこととしたものと解される。

(2)　所得税法 59 条 1 項所定の「その時における価額」につき、所得税基本通達 59 － 6 は、譲渡所得の基因となった資産が取引相場のない株式である場合には、同通達 59 － 6 の(1)〜(4)によることを条件に評価通達の例により算定した価額とする旨を定める。評価通達は、相続税及び贈与税の課税における財産の評価に関するものであるところ、取引相場のない株式の評価方法について、原則的な評価方法を定める一方、事業経営への影響の少ない同族株主の一部や従業員株主等においては、会社への支配力が乏しく、単に配当を期待するにとどまるという実情があることから、評価手続の簡便性をも考慮して、このような少数株主が取得した株式については、例外的に配当還元方式によるものとする。そして、評価通達は、株式を取得した株主の議決権の割合により配当還元方式を用いるか否かを判定するものとするが、これは、相続税や贈与税は、相続等により財産を取得した者に対し、取得した財産の価額を課税価格として課されるものであることから、株式を取得した株主の会社への支配力に着目したものということができる。

　これに対し、本件のような株式の譲渡に係る譲渡所得に対する課税においては、当該譲渡における譲受人の会社への支配力の程度は、譲渡人の下に生じている増加益の額に影響を及ぼすものではないのであって、前記の譲渡所得に対する課税の趣旨に照らせば、譲渡人の会社への支配

力の程度に応じた評価方法を用いるべきものと解される。

　そうすると、譲渡所得に対する課税の場面においては、相続税や贈与税の課税の場面を前提とする評価通達の前記の定めをそのまま用いることはできず、所得税法の趣旨に則し、その差異に応じた取扱いがされるべきである。所得税基本通達 59 － 6 は、取引相場のない株式の評価につき、少数株主に該当するか否かの判断の前提となる「同族株主」に該当するかどうかは株式を譲渡又は贈与した個人の当該譲渡又は贈与直前の議決権の数により判定すること等を条件に、評価通達の例により算定した価額とする旨を定めているところ、この定めは、上記のとおり、譲渡所得に対する課税と相続税等との性質の差異に応じた取扱いをすることとし、少数株主に該当するか否かについても当該株式を譲渡した株主について判断すべきことをいう趣旨のものということができる。

　ところが、原審は、本件株式の譲受人であるＢが評価通達188の(3)の少数株主に該当することを理由として、本件株式につき配当還元方式により算定した額が本件株式譲渡の時における価額であるとしたものであり、この原審の判断には、所得税法59条1項の解釈適用を誤った違法がある。

　以上によれば、原審の判断には判決に影響を及ぼすことが明らかな法令の違反がある。論旨は理由があり、原判決中上告人敗訴部分は破棄を免れない。そして、本件株式譲渡の時における本件株式の価額等について更に審理を尽くさせるため、上記部分につき本件を原審に差し戻すこととする。

＜解説＞

所得税の非上場株式の時価については、相続税及び贈与税の財産評価基本通達を準用しているが、所得税と異なり相続税及び贈与税は取得者課税である。

譲渡所得課税ではキャピタルゲインつまり資産の価値の増加益を所得の発生原因と捉え、資産が所有者の手元を放れる時点で所得の実現があるものとして課税するものである。譲渡所得の発生時をめぐって

「そのときにおける価額」について、最高裁は原審の高裁判決と異なる判断をした。

　原審の高裁判決では、所得税基本通達及び財産評価基本通達は、租税法規そのものではないものの、課税庁による租税法規の解釈適用の統一に極めて重要な役割を果たしており、一般にも公表されて納税者が具体的取引等について検討する際の指針となっていることからすれば、課税に関する納税者の予測可能性を確保する見地から、文理に忠実に解釈するのか相当であるとして、租税法規の文理解釈の重要性が通達にも及ぶとした。

　これに対して最高裁判決では、譲渡所得課税は、資産の値上がり益が所有者の支配を離れて他に移転するのを機会に清算して課税するものであるという所得課税の趣旨を重視し、株式の譲渡においては譲受人の会社への支配力の程度は、譲渡人の下に生じている増加益の額に影響を及ぼすものではないので、譲渡人の会社への支配力の程度に応じた評価方法を用いるべきであるとした。したがって、譲渡所得の課税の場面では、相続税や贈与税の課税の場面で用いる評価方法をそのまま用いることはできず、所得税の趣旨に則し、その差異に応じた取扱いがされるべきであると、判示した。

　なお、法人税の非上場会社株式の時価についての通達改正はされていない。法人税については譲渡人と譲受人は、各々の立場で判断することが予定されているためであろう[22]。

[22]　前掲[13]藤曲91頁

● 2 ｜ 東京地裁平成 17 年 10 月 12 日判決 (TAINS Z255-10156)

●同族株主である譲渡人側の相続対策として、筆頭株主となった個人株主である譲受人に対する譲渡対価が配当還元方式を多少上回る評価額は、みなし贈与に当たらないとされた事例
　（東京地裁平成 15 年（行ウ）第 214 号贈与税決定処分取消等請求事件（全部取消）（確定）（納税者勝訴））

＜事案の概要＞

　外国人Xが、取引先B社の株式をその会長職であった甲から平成7年2月に1株100円（配当還元価額75円）で譲り受けた（取得後の議決権は6.6％）ところ、Y税務署長より相続税7条の「著しく低い価額の対価で財産の譲渡を受けた場合」に該当すると認定され、贈与税の決定処分等を受けた事案である。甲は、平成6年7月に数社の銀行に1株当たり793円から796円で売却している。

　なお、この売買価額は、評価通達に定める類似業種比準方式や純資産価額方式に準じて算定された額である。Xにおいても当該銀行においても、評価通達によるB社株式の評価方法は配当還元方式であることに異論はない。Yの主張は、Xと甲は極めて密接な関係にあり、財産評価基本通達によらないことが正当と是認される特別な事情があり、売買実例によるべきであるというものである。

　それは次の理由による。

①　Xが本件売買取引で得た地位は、B社の事業経営に相当の影響を与え得るもので、配当還元方式が本来予定している少数株主の地位と同一視できない。

②　Xは株式の取得資金を甲の保証により借り入れた。

③　本件売買実例は客観的時価を適切に反映しており、配当還元価額はこれより著しく低額であるとのことである。

　これに対して裁判所は、金融機関に対するB社株式の譲渡対価は、取引上の見返りに対する銀行側の期待も影響している可能性があるとした。そして、財産評価基本通達に定められた評価方法を画一的に適用するという形式的な平等を貫くことが実質的な租税負担の公平を著しく害する結果になるなど、この評価方法によらないことが正当と是認されるような特別の事情がない限り、財産評価基本通達の定めに基づく価額と同額か、又はこれを上回る対価をもって行われた財産の譲渡は、相続税法7条にいう「著しく低い価額の対価で財産の譲渡を受けた場合」に該当しないものというべきであるとした。

＜裁判所の判断＞

⑴　課税実務上は、原則として、評価通達の定めによって評価した価額をもって時価とすることとされている。これは、財産の客観的交換価値を

個別に評価する方法をとると、その評価方法、基礎資料の選択の仕方等により異なった評価額が生じることを避け難く、また、課税庁の事務負担が重くなり、回帰的、かつ、大量に発生する課税事務の迅速な処理が困難となるおそれがあること等から、あらかじめ定められた評価方法により画一的に評価する方が、納税者間の公平、納税者の便宜、徴税費用の節減という見地からみて合理的であるという理由に基づくものである。

　したがって、評価通達に定められた評価方法が合理的なものである限り、これは時価の評価方法として妥当性を有するものと解される。

⑵　そして、これを相続税法７条との関係でいえば、評価通達に定められた評価方法を画一的に適用するという形式的な平等を貫くことが実質的な租税負担の公平を著しく害する結果となるなどこの評価方法によらないことが正当と是認されるような特別の事情のない限り、評価通達に定められた合理的と認められる評価方法によって評価された価額と同額か、又はこれを上回る対価をもって行われた財産の譲渡は、相続税法７条にいう「著しく低い価額の対価で財産の譲渡を受けた場合」に該当しないものというべきである。

⑶　評価通達は、取引相場のない株式の評価方法について、評価会社の規模に応じて場合分けし、評価会社が大会社の場合においては、それが上場会社や気配相場等のある株式の発行会社に匹敵するような規模の会社であることにかんがみ、その株式が通常取引されるとすれば上場株式や気配相場等のある株式の取引価格に準じた価額が付されることが想定されることから、現実に流通市場において価格形成が行われている株式の価額に比準して評価する類似業種比準方式により評価することを原則としている。この評価方式は、具体的には、株価形成要素のうち基本的かつ直接的なもので計数化が可能な１株当たりの配当金額、年利益金額及び純資産価額（帳簿価額によって計算した金額）の３要素につき、評価会社のそれらと、当該会社と事業内容が類似する業種目に属する上場会社のそれらの平均値とを比較の上、上場会社の株価に比準して評価会社の１株当たりの価額を算定するというものである（乙１）。このような類似業種比準方式による株式評価は、現実に株式市場において取引が行われている上場会社の株価に比準した株式の評価額が得られる点におい

て合理的であり、取引相場のない株式の算定手法として適切な評価方法であるといえる。

⑷　ところで、評価通達は、このような原則的な評価手法の例外として、「同族株主以外の株主等が取得した株式」については、配当還元方式によって評価することを定めている。この趣旨は、一般的に、非上場のいわゆる同族会社においては、その株式を保有する同族株主以外の株主にとっては、当面、配当を受領するということ以外に直接の経済的利益を享受することがないという実態を考慮したものと解するのが相当である。そして、当該会社に対する直接の支配力を有しているか否かという点において、同族株主とそれ以外の株主とでは、その保有する当該株式の実質的な価値に大きな差異があるといえるから、評価通達は、同族株主以外の株主が取得する株式の評価については、通常類似業種比準方式よりも安価に算定される配当還元方式による株式の評価方法を採用することにしたものであって、そのような差異を設けることには合理性があり、また、直接の経済的利益が配当を受領することに限られるという実態からすれば、配当還元方式という評価方法そのものにも合理性があるというべきである。

そうすると、前判示のとおり、原告は、その保有株式数を前提とする限り、同族以外の株主と評価されるべきなのであるから、評価通達の定めを適用すると、本件株式の価額は、配当還元方式により評価されるべきこととなり、これにより算出される本件株式の価額は、1株当たり75円と認められるから、評価通達に定められた評価方法によらないことが正当と是認されるような特別の事情のない限り、上記評価額を上回る1株当たり100円の対価で行われた本件売買取引は、相続税法7条にいう「著しく低い価額の対価で財産の譲渡を受けた場合」に該当しないことになる。被告は、本件では上記の「特別の事情」があると主張するので、以下、被告の主張に沿って検討する。

被告は、まず、本件売買取引により原告が取得した地位は、Bの事業経営に相当の影響力を与え得るものであり、配当還元方式が本来適用を予定している少数株主（同族株主以外の株主）の地位と同視できないと主張し、その根拠として、①原告がBにおける譲渡人の地位を裏付けていた株式のほとんどを取得し、同社における個人株主の中で保有株式数

の最も多い筆頭株主の地位を得たこと、並びに②原告が譲渡人及び譲渡人の相続人から借入債務の保証の便宜を受けることにより、実質的な金銭的支出を行うことなく本件株式を取得したことを挙げる。

　しかしながら、①については、別表のとおり、本件売買取引後のBにおける株式の保有割合は、C、D、譲渡人及び譲渡人の親族を併せた合計が47.9パーセントとほぼ全体の半分を占めるのに対して、原告はわずか6.6パーセントの割合にすぎず、また、C及びDにおける株式の保有割合をみても、譲渡人ないし譲渡人の親族が合計でそれぞれ75.0パーセント、59.7パーセントであるのに対して、原告はそれぞれ7.5パーセント、25.3パーセントにとどまっているのであるから、このような数値を見る限り、譲渡人の親族でもない原告が、Bの事業経営に実効的な影響力を与え得る地位を得たものとは到底認められない。

　また、②についても、原告は、本件借入につき譲渡人の保証を得た経緯について、金利等のコストの安い日本の銀行から借り入れるために、日本の銀行と取引のある譲渡人に便宜上保証人になってもらったものと説明しているところであり、その説明自体に格別不自然、不合理な点はなく、保証契約に付された約定の内容も、保証契約書の定型書式（甲9）の記載内容や銀行取引の実情等に照らして特におかしいものとはいえず、借入金の利息の返済は原告自らが行っており（甲13）、他方保証人である譲渡人ないしその相続人が借入金の一部でも現に返済したような事情は認められないから、原告が譲渡人及び譲渡人の相続人から保証の便宜を受けることによって、実質的な金銭的支出を行うことなく本件株式を取得したとはいえず、またこのような事実経緯から、原告がBの事業経営に相当の影響力を与え得るほどに譲渡人と密接な関係にあったとまでいうことも困難である。

⑸　むしろ、上述した原告のBにおける株式の保有割合や、Bにおいては株式の譲渡につき取締役会の承認を要することとされていること（乙5）に照らせば、原告は、譲渡人及びその親族らのような同族株主とは異なり、会社に対する直接の支配力を有さず、当面、配当を受領すること以外に直接の経済的利益を享受することのない少数株主であり、その取得及び保有する株式の評価につき、評価通達の定める配当還元方式が本来的に適用されるべき株主に該当するものというべきである。

⑹　したがって、仮に他の取引事例が存在することを理由に、評価通達の
　　定めとは異なる評価をすることが許される場合があり得るとしても、そ
　　れは、当該取引事例が、取引相場による取引に匹敵する程度の客観性を
　　備えたものである場合等例外的な場合に限られるものというべきであ
　　る。

　　銀行に対する譲渡対価については、取引上の見返りに対する銀行側
の期待が株価の決定に影響した可能性は十分に考えられることである
とし、さらに株価の決定に当たっては法人税の課税処理上の考慮が働
いた可能性も考えられるとしている。

　　以上のとおりであって、被告の主張をすべて考慮しても、本件株式に
ついて評価通達に定められた評価方法によらないことが正当と是認され
るような特別の事情があるとはいえない。したがって、本件売買取引は、
相続税法７条の「著しく低い価額の対価で財産の譲渡を受けた場合」に
は該当しないから、本件決定処分は違法であり、取消しを免れない。

＜解説＞

　　財産評価基本通達では原則的な評価方法の例外として定められた配
当還元方式による評価方法が、直接の経済的利益が配当を受領するこ
とに限られるという実態からすれば、合理性があり時価の評価方法と
して妥当であるとしている。

　　同族株主以外の株主という点では、売買実例のあった数社の銀行も
Ｘと異ならないが、これらの銀行が高値取引をした理由について、取
引上の見返りに対する銀行側の期待が株価の決定に影響した可能性は
十分あるとしながら、株価の決定に当たっては法人税の課税処理上の
考慮が働いた可能性も考えられると説示している。納税者側が主張す
るように、個人から法人への非上場会社の株式の譲渡は、所得税法
59条の「みなし譲渡」課税がされることを念頭に置いて、課税処分
がなされないような安全策として類似業種比準方式等に準じた価額を
設定せざるを得ない。非上場株式の時価は一物多価でありその影響が
顕著に現れた裁判例である。

●3 東京地裁平成 25 年 10 月 22 日判決 (TAINS Z263-12314)

●非上場株式の評価について、財産評価基本通達の定める評価方法によっては客観的交換価値を適切に算定することができない特別の事情があるとは認められないとされた事例（棄却）
（控訴審：東京高裁平成 26 年 3 月 18 日判決（棄却）
　上告　最高裁平成 27 年 5 月 13 日決定　（棄却・不受理））

<事案の概要>

　同族関係者に該当する A らが、その支配する F 社の株式をその会社の役員であった H（同族関係者に当たらない）からの譲り受けが相続税法 7 条における「著しく低い価額の対価で財産の譲渡を受けた場合」に該当するとして、贈与税の決定等処分を受けた。争点は、相続税法 7 条における低額譲渡に当たるか否かであり、評価対象会社 F 社の資産であるホテルの土地建物の評価額について争われた事例である。

　裁判所は、財産評価基本通達の定める評価方法が、当該財産の時価すなわち客観的交換価値を算定する方法として一般的な合理性を有する場合においては、これに従って算定された価額は、評価通達の定める評価方法によっては当該財産の客観的交換価値を適切に算定することができない特別の事情が存しない限り、その客観的交換価値を超えるものでないと推認することができ、当該価額に課税処分は適法であるとした。それにより裁判所は特別な事情の有無を検討した。

　本件株式の譲受け前における A らによる F 社株式の持株割合は、80％であった。A らは H から平成 17 年 6 月及び平成 18 年 2 月に、F 社株式を 1 株当たり 7 万 5,334 円で取得した。これは、F 社株式の評価において所有する本件ホテルを帳簿価額で評価して算定した価額である。これに対して評価通達による評価額は、平成 17 年譲受時は 1 株当たり 37 万 7,371 円、平成 18 年譲受け時は 1 株当たり 43 万 8,194 円であった。F 社の主な資産である当該ホテルは平成 12 年 8 月に Q 社から 5 億円（土地 8,000 万円建物 4 億 2,000 万円）で取得したもので、

Q社は当時清算手続を予定していた。平成12年度の本件資産の固定資産税評価額は、土地2億8,000万円余りで、建物が15億7,000万円余りであった。

これに対してQ社は不服があるとして所轄の固定資産評価審査委員会に対して審査の申出をし、土地の評価額を7,900円余り、建物の評価額は5億6,000万円余りである旨を主張したが棄却された。なお、当初この交渉においてF社側では20億円が相場であろうとの供述もある。

裁判所は本件土地建物の評価額について、売手が処分を急いだことなどの特殊な事情の下で行われた取引であるとし、評価通達の定める評価方法によっては本件株式の客観的交換価値を適切に算定することができない特別な事情があるとはいえないとした。また、裁判所は株式の譲受けが会社を実質的に支配し得る立場にあったAの指示に基づいて行われたもので、対等独立の立場にある当事者間がその自由な意思決定に基づいて行ったものとではないとし、譲受価額は客観的交換価値といえず、評価通達を用いない特別な事情があるとはいえないとの判断もしている（当事者間の自由な意思決定の有無の部分は以下の裁判所の判断・解説では省略する）。

＜裁判所の判断＞

裁判所はまず相続税7条に規定する「時価」の意義と評価について以下のように判示した。

(1) 相続税法7条に規定する「時価」とは、同法22条に規定する「時価」と同様に、課税時期における客観的交換価値、すなわち、それぞれの財産の現況に応じ、不特定多数の当事者間で自由な取引が行われる場合に通常成立する価額をいうものと解される。

ところで、課税実務上は、財産評価の一般的基準が評価通達によって定められ、これに定められた評価方法によって、財産の時価すなわち客観的交換価値を画一的に評価する方法が採られている〔評価通達1⑵〕。このような扱いがされているのは、財産の客観的交換価値は必ずしも一義的に確定されるものではなく、これを個別に評価することとすると、

その評価方法及び基礎資料の選択の仕方等により異なった評価額が生じることが避け難く、また、課税庁の事務負担が重くなり、課税事務の迅速な処理が困難になるおそれがあることなどから、あらかじめ定められた評価方法によって画一的に評価することが、納税者間の公平、納税者の便宜及び徴税費用の節減という見地から見て合理的であるという理由に基づくものであると解される。

(2)　評価通達の定める評価方法が、当該財産の時価すなわち客観的交換価値を算定する方法として一般的な合理性を有するものといえる場合においては、これに従って算出された価額は、評価通達の定める評価方法によっては当該財産の客観的交換価値を適切に算定することができない特別の事情の存しない限り、その客観的交換価値を超えるものではないと推認することができ、当該価額に基づく課税処分は適法であるということができる。

　　取引相場のない株式については、市場等における大量かつ反復継続的な取引が行われることは予定されておらず、また、仮に取引事例が存在するとしても、特定の当事者間又は特定の事情の下で取引されるのが通常であり、その取引価格が当事者間の主観的事情に左右されることは避け難いことから、取引価格をもって、一般に当該株式の客観的価値を反映したものと考えることはできない。そのため、評価通達は、株式のうち取引相場のないものについては、取引価格に依拠せずに評価することとしているものと解され、そのような評価方法は合理性を有するものということができる。

　　また評価通達に定める土地建物の評価方法について述べ、財産の時価すなわち客観的交換価値を算定する方法として一般的合理性を有するものであることは、当事者間に争いがないとした。評価基準の定める評価方法に従って算定された固定資産の価格と適正な時価との関係につき先例の最高裁判決*23 を参考に、次のように述べている。

* 23　最判平 15.7.18、最判平 25.7.12

　　本件土地建物に適用される評価通達及び評価基準の定める評価方法

が、財産の時価すなわち客観的交換価値を算定する方法として一般的な合理性を有するものであることは、当事者間に争いがない。そうすると、本件土地建物について同評価方法に従って算出された価額は、同評価方法によっては本件土地建物の客観的交換価値を適切に算定することができない特別の事情の存しない限り、その客観的交換価値を超えるものではないと推認することができるものというべきである。

次に、評価通達の定める評価方法によっては本件土地建物の客観的交換価値を適切に算定することができない特別の事情の有無について判断している。

事実認定においてＱ社との取引は売手において保有財産の処分を急いでいたという特殊事情があり、不特定多数の当事者間で自由な取引が行われた場合に通常成立する価額と解することはできないため、本件土地建物の客観的交換価値を表したものではないとした。また、Ａらが提出した鑑定評価については、算定の方法に疑問を呈し、評価通達による価額は本件土地建物の客観的交換価値を適切に算定することができない特別の事情があると認めることはできないとした。

本件譲渡の4年後の平成22年4月以降、本件土地建物を4億円で売りに出しているものの買手がついていない旨のＡら主張に対し、裁判所は4年以上後で、直ちに本件土地建物の本件譲受時における客観的交換価値を示すものとはいえないと判断した。

判決では、原告らは本件譲渡につき相続税法7条の規定により、本件譲受価額と各譲受日における本件株式の時価との差額に相当する金額を贈与により取得したものとみなすとした。

＜解説＞

非上場株式の評価に当たり、財産評価基本通達に規定する評価によっては、客観的交換価値を適切に算定することができない特別の事情があるとは認められないとされた事例である。

裁判所の判断では、本件決定処分が適法であるといえるためには、当事者の主張立証の対象は、評価通達によらない評価方法を採ることが正当として是認されるかどうかが問題ではなく、財産評価基本通達

による評価方法によっては本件株式の客観的交換価値を適切に算定することができない特別の事情の有無の問題であるとのことである。

　時価とは客観的交換価値であり、評価通達に定める評価方法は一般的な合理性を有するものとして、先行裁判例を示しこれを支持している。評価通達における非上場株式の評価のうち純資産価額方式は評価会社の財産債務を時価評価するものである。税務訴訟では、時価の算定が求められる土地建物について財産評価基本通達による評価額でなく、鑑定評価を採用したことによる否認事例が多くみられる。本件では鑑定評価について土地建物の時価、すなわち客観的交換価値についての鑑定評価は、必ずしも一義的に算出され得るものでなく、性質上一定の幅があり得るものであるから、独自の鑑定意見書による評価方法が一般に是認できるものであったとしても、それにより算出された価額を上回る価額が当然に客観的交換価値を超えるものということはできないとしている。

　納税者は、財産評価基本通達に規定する評価によっては、客観的交換価値を適切に算定することができない特別の事情があることを主張・立証として、F社株式を譲り受けた5年前にF社の主な資産であるホテルを5億円で購入していること、Q社では本件ホテルに係る固定資産税評価額に不服があるとして審査請求をしていること（棄却されている）、ホテルの時価について複数の鑑定評価を行っておりいずれも取引金額以下であること、さらに譲受けの4年後ではあるが、本件ホテルの売り出し価額が4億円であっても販売できないことを掲げている。しかし裁判所はいずれも客観的交換価値を適切に算定することができない特別の事情に当たらないとして、納税者の主張は退けられた。

　本件は、最高裁まで争われた（最高裁では不受理）事案である。裁判所の判断は妥当である。しかし、不動産の市場が安定していない時に贈与あるいは相続が発生した場合、一律に評価通達による価額が適用されることに納税者側としては納得が得られなかったものと推測できる。非上場株式の評価に当たっては、評価対象会社が保有する不動産についても時価評価が必要になる。財産評価基本通達による建物の

評価額は、固定資産税評価額とされているが、実務では築年数が古い建物について固定資産税評価額で売却できないケースが多く見受けられる。しかし、その取引金額が客観的交換価値であるか否かを納税者側で判断することは難しい。本件は個人間の非上場株式の譲渡であるから、その場合の対価のメルクマールは財産評価基本通達になる。仮に法人が介在していた場合の譲渡対価のメルクマールは時価調整原則的評価額となり、その場合の裁判所の判断がどのようになっていたか別途検討の余地があろう。

第4章 役務の提供

Ⅰ はじめに

　資本関係を通じた支配関係が形成されている関係会社間の取引では、純粋な第三者間取引とは異なる側面を有していることから、通常の取引とは乖離した取引がなされることもある。

　法人税法においては、無償取引からも収益が生じるものとされていることから（法法22②）、関係会社間といえども当事者間の取引価額は、いわゆる時価で行われることが前提とされており（法法22の2④）、関係会社間における取引については、当該取引の妥当性、相当性等を事前に検討する必要がある。

　本章においては、法人税に関する税務処理を中心として、留意すべき事項について解説する。

Ⅱ 関係会社間における役務提供と課税関係

● 1 役務提供に係る益金算入時期等

　役務の提供による収益の額は、資産の販売又は譲渡と同様に、役務の提供に係る目的物の引渡し又は役務の提供の日の属する事業年度の益金の額に算入することとされている（法法22の2①）。また、一般に公正妥当と認められる会計処理の基準に従ってその役務の提供に係る契約の効力が生ずる日その他の提供の日に近接する日の属する事業年度の確定した決算において収益として経理した場合には、その経理した事業年度の益金の額に算入することも認められている（法法22の2②）。

　上記の「役務提供の日」は、「必ずしも役務の全部の完了の日とは

限らず、連続した役務が漸次提供されていくそれぞれの日も含まれることになる」解されており[1]、収益認識基準（平成30年3月30日付企業会計基準第29号「収益認識に関する会計基準」をいう。以下同じ）における履行義務が一定の期間にわたり充足されるものについては、各事業年度の進捗度に応じ漸次提供されていく役務提供に係る部分について益金の額に算入することとなる（法基通2－1－21の2）。

[1] 髙橋正朗編著『法人税基本通達逐条解説（十訂版）』（税務研究会、2021）162頁

　なお、役務提供に係る典型的な契約である請負（委任事務又は準委任事務の履行により得られる成果に対して報酬を支払うことを約している場合を含む）に係る収益計上については、原則として、その引渡し等の日が「役務の提供の日」に該当し、その収益の額は、引渡し等の日の属する事業年度の益金の額に算入することとされている（法基通2－1－21の7）。

　この解釈（法基通2－2－21の7）について、立案担当者によれば、「請負についての民法における報酬の支払時期は、原則として、物の引渡しを要する取引にあってはその目的物の全部を完成して相手方に引き渡した日であり、物の引渡しを要しない取引にあってはその約した役務の全部を完了した日であり、これらの時点をもって実現したものとして収益の計上時期とするのが伝統的な会計慣行であったことを踏まえ、旧通達2－1－5の取扱いを引き続き原則として据えるものであ（り）」、「請負等の報酬の請求が可能となる日は民法上比較的明確であり、法律概念を優先した方が同じ法律である法人税法の安定に資するため、本通達では、収益認識基準の取扱いをむしろ例外としている」と説明されている[2]。

[2] 国税庁「平成30年5月30日付課法2－8ほか2課共同「法人税基本通達等の一部改正について」（法令解釈通達）の趣旨説明」62頁

　なお、当該請負が法人税基本通達2－1－21の4(1)から(3)までのいずれかの要件を満たす場合（これら要件については、「収益認識基準」38項と同様である）、すなわち、履行義務が一定の期間にわたり充足されるものに該当する場合においては、その請負に係る履行義務が充

足されていくそれぞれの日の属する事業年度の進捗度に応じて算定される額を益金の額に算入しているときは、その処理も認められる（法基通2－1－21の7（注2））。

■「履行義務が一定期間にわたり充足されるもの」とは

上記の法人税基本通達2－1－21の4にいう「履行義務が一定期間にわたり充足されるもの」とは、次の①から③のいずれかを満たすものとされている*3。

*3　前掲＊1　166～167頁を基に作成

①　取引における義務を履行するにつれて、相手方が便益を享受すること。

例えば、清掃サービス（「収益認識基準適用指針」115項）や輸送サービスなどの日常的又は反復的なサービスは、これに該当する。

②　取引における義務を履行することにより、資産が生じ、又は資産の価値が増加し、その資産が生じ、又は資産の価値が増加するにつれて、相手方がその資産を支配すること。

この場合の「資産を支配すること」とは、当該資産の使用を指図し、当該資産からの残りの便益のほとんど全てを享受する能力（他の者が当該資産の使用を指図して当該資産から便益を享受することを妨げる能力を含む）を有することをいう（収益認識基準37項と同様）。

この要件に該当する一般的な例としては、顧客の土地の上に建設を行う工事契約や、顧客が所有する会計システムを拡張する役務提供契約などが挙げられる。

③　次の要件のいずれも満たすこと。

イ　取引における義務を履行することにより、別の用途に転用することができない資産が生じること。

(注)　「別の用途に転用することができない」場合とは、企業が履行するにつれて生じる資産又は価値が増加する資産を別の用途に容易に使用することが契約上制限されている場合、あるいは完成した資産を別の用途に容易に使用することが実務上制約されている場合が該当

する（収益認識基準適用指針 10 項）。

　ロ　取引における義務の履行を完了した部分について、対価の額を収受する強制力のある権利を有していること。

　　　この要件に該当する一般的な例としては、コンサルティング・サービス等の顧客に対する固有のサービス契約や、個別受注製造契約などが挙げられる。

●2 役務提供に係る取引価額

　役務提供を行った場合に益金の額に算入する額は、原則として、その提供をした役務につき通常得べき対価の額に相当する金額とされている（法法 22 の 2 ④）。

　この場合の「その提供をした役務につき通常得べき対価の額に相当する金額」とは、原則として当該提供した役務につき第三者間で取引されたとした場合に通常付される価額（いわゆる「時価」）をいうとされ、役務の提供の日の属する事業年度終了の日までにその対価の額が合意されていない場合は、同日の現況により適正に見積もるものとされている（法基通 2 − 1 − 1 の 10）。

■ 取引価額が時価と異なる取引における時価換算の必要性

　なお、取引価額が時価と異なる全ての取引を時価に引き直す処理を行う必要の有無について、法人税基本通達 2 − 1 − 1 の 10（注）2 において明らかにされているが、この点について通達立案担当者から次のような例示が示されている*4。

*4　前掲*2　26 〜 27 頁。ただし、下線は筆者による。

　本通達の（注）2 は、取引価額等が時価と異なる全ての取引を時価に引き直す処理（申告調整）をする必要があるかという点について、その取扱いを明らかにしたものである。

　例えば、法人が販売促進目的で、現金に換えて有価証券（時価 100 万円、簿価 20 万円）を無償で贈与したとすれば、法人税法上は、収益が 100 万円生じ、その譲渡原価が 20 万円計上され、販売促進費が 100 万円計上されることになる。これを仕訳で示すと、以下のとおりとなる。

（借方）販売促進費　100万円　　　（貸方）有価証券　20万円
　　　　　　　　　　　　　　　　　　　　　　譲渡益　　80万円

　すなわち、取引価額等が時価と異なる取引であっても、借方が損金不算入項目でない場合には、引渡しの時の価額がその取引に関して支払いを受ける対価の額を超える部分、本件については無償であるため譲渡資産の帳簿価額を超える部分である80万円が益金の額に算入され、差引きしたところの譲渡資産の簿価相当額が損金の額に算入されることになる。

　したがって、資産の引渡しの時の価額が、その取引に関して支払いを受ける対価の額を超える場合において、<u>その超える部分が、寄附金又は交際費等その他のその法人の所得の金額の計算上損金の額に算入されないもの、剰余金の配当等及びその法人の資産の増加又は負債の減少を伴い生ずるものに該当しない場合には、その超える部分の金額を益金の額及び損金の額に算入する処理（申告調整）を行う必要はない</u>ことを留意的に明らかにしている。

●3 ┃ 関係会社に対する経営指導料、業務委託料等

　既述のとおり、法人税法における役務提供に係る取引価額は、その役務につき第三者間で取引されたとした場合に通常付される価額（いわゆる「時価」）を前提として、課税所得計算を行うこととしているので、当該役務提供の対価が時価と異なる場合には、基本的には寄附金・受贈益といった認定がなされることとなる（法法22②、37⑦⑧）。

　一方、関係会社間でなされている経営指導、業務委託については、役務提供の内容が具体的でない場合があったり、また、実際に行われている場合であっても、取引価額の妥当性をどのように整理すべきかといった難しい側面がある。

　この点については、子会社が親会社に対して支払った経営指導料の一部が寄附金として否認されたことの適否について争われた東京地裁平成12年2月3日判決（税務訴訟資料第246号）においては、「提供される役務が市場性を有さず、客観的な価格が形成されていない場合、また、提供される役務が様々な内容を含むため個々具体的な役務の提

供に係る対価を個別に観念し難い場合、役務提供者において当該役務を提供するのに必要な費用の額（以下「提供経費」という）をもって、当該役務の価値を判断する基礎とすることは合理的な方法ということができる」とした上で、「提供者における利益ないし報酬の部分も役務の対価として含まれてしかるべきことからすると、提供される役務の価値が、提供経費に尽きるものではないことは明らかであ（り）」、「特に、当該役務の提供が提供者の主たる活動になっている場合、提供した役務の価値が提供経費を大幅に上回る場合などにおいては、利益ないし報酬部分を加算しないことは不合理というべきである」と判示している。

そして、「提供される役務に対して支払われる対価の額が、役務提供者における提供経費を超えているからといって、当該超える部分が直ちに寄付金に該当すると速断することはできず、右超える部分が寄付金に該当するかどうかは、契約当事者である企業間の関係、当該役務提供契約において定められている役務の内容、対価の決定方法の合理性、実際の役務提供内容、提供される役務の被提供者における便益の大きさ、役務と右便益との関係の直接性、提供者において当該役務の提供がその業務に占めている地位等に照らして、役務の提供の対価が、独立企業間において行われる同種の契約で設定される対価の水準と著しく乖離していて、企業間の特殊な関係に基づく租税回避のための価格操作と認めるべきものかどうかによって、これを判断すべき」という判断の枠組みが示されている。

なお、海外子会社に対する経営指導料等については、移転価格事務運営要領「企業グループ内における役務提供の取扱い：3－10」、「企業グループ内における役務提供に係る独立企業間価格の検討：3－11」を参照することとなる。

■ 関連裁決事例等

(1) 外国子会社に対する業務委託費として経費に計上した金員は、外国子会社に対する資金援助に当たり、寄附金と認定された事例（平12.12.14裁決・裁決事例集 No.60-394頁）

請求人は、請求人の製品を韓国市場に広めるため、外国子会社を設立、

発行済株式の総数を保有して同社との間で業務委託契約を締結し、その契約に基づく役務の提供に対して毎月100万円の業務委託費を支払ったと主張するが、請求人が審査請求に及んで本件業務委託の役務提供の事実を証明する資料として提出した証拠書類は、その資料内容及び業務内容において外国子会社の従業員から同社の社長に対する通常業務の一貫としての連絡、伺いの域を超えない報告書等であることから、外国子会社は、請求人に対し、役務の提供をしていたとはいえず、業務委託費は本件契約に基づく役務の提供の対価とは認められない。

　したがって、本件業務委託費は、法人税法第37条第6項、措置法第66条の4第1項及び第3項の規定により、外国子会社に対する寄附金と認めるのが相当である。

(2) 請求人が業務委託費の精算されていない費用として国外関連者に支払った金員は、国外関連者の欠損を補てんするための寄附金であるとした事例（平19.4.10裁決・裁決事例集No.73-405頁）

　請求人は、本件サービス業務の未精算費用があった旨主張する。

　しかしながら、本件サービス業務に関する料金及び支払条件は、本件旧契約に準じて、その都度、両当事者間で検討及び合意されていたと認められ、K社は、本件事業年度における本件サービス業務の精算として、既に毎月ごとに精算金を受領している。

　また、請求人は、本件見直しを行った結果、本件サービス業務の未精算費用があった旨主張するが、一般の取引通念に照らせば、取引上、未精算費用があった場合には、会社間で当該未精算費用の額、支払方法等についての検討や話し合いがされてしかるべきであり、その結果を両社ともに文書で記録しておくのが通常である。

　ところが、本件の場合、本件調査担当職員が、M課長に対して本件金員の計算根拠について説明を求めても具体的な計算根拠の説明及び資料の提出はなく、また、T部長は、本件サービス業務の未精算費用は積み上げて計算したものではなく、具体的に計算した資料はない旨答述しており、両社間で当該未精算費用の額、支払方法等について具体的に検討などをした事実は認められない。

　そして、本件金員の支払原因については、M課長の各メールの記載内容

の信用性は、その作成時期等から極めて高く、それに加えて、K社の各事業年度の決算状況、本件業績レビューの記載内容及びM課長の答述からすると、①K社は、設立以来3期連続欠損の状況にあり、平成15年3月期の決算も○○○○ドルの欠損が見込まれたため、これを解消し単年度でいわゆる黒字化するための方策として、請求人が業務委託費を支払うことで支援することとし、②幹部職員の話し合いで、当該業務委託費を○○○○円とすることに決まり、本件新契約書が作成され、請求人が本件金員を支払ったものと認められる。

　そうすると、本件サービス業務の未精算費用があったとは認められず、本件金員の支払原因は、K社の欠損を補てんするために援助としてされた金銭の贈与であると認められる。

　以上、検討の結果、本件金員を支払った行為は、金銭の贈与に該当するというべきであるから、本件業務委託費は法人税法第37条第7項に規定する寄附金に該当する。

(3) 請求人が損金の額に算入したグループ法人に対する業務委託料は、当該グループ法人に対する資金援助を仮装して計上されたものであり、対価性がなく寄附金の額に該当するとした事例（平23.8.23裁決）

＜ポイント＞

　この事例は、グループ法人に対する各業務委託料は、当該各業務委託料に係る各契約に基づく役務提供が認められないこと及び委託先法人に対する貸付債権と相殺されていることから、グループ法人に対して債務を消滅させる経済的利益の無償の供与と判断し、グループ法人への貸付金には該当しないと判断したことにより、原処分のうち、貸付金としてその利息を計上すべきとした部分を取り消したものである。

＜要旨＞

　請求人は、グループ法人との間で締結した各業務委託契約に基づく業務は行われているから、費用計上した各業務委託料は損金の額に算入されるべきである旨主張し、原処分庁は、当該契約は実体のない架空の業務委託契約であり、当該各委託料は請求人の会長が実質支配するグループ法人への貸付金等であるとした上、当該貸付けに係る利息相当額は益金の額に算

入すべきである旨主張する。

　当該各委託料は、①役務提供の有無にかかわらずに支払われている対価性のないものであること、②当該各委託料がグループ法人に対する貸付債権と相殺されていることからすると、その計上額は、請求人がグループ法人に対して債務消滅という経済的利益を無償で供与したこととなり、法人税法第37条《寄附金の損金不算入》第7項に規定する寄附金の額に該当すると認めるのが相当である。

　したがって、請求人の主張には理由がなく、また、当該各委託料が貸付金に当たるとして利息相当額を益金の額に算入すべきであるとする原処分庁の主張にも理由がない。

● 4 ｜ 子会社等を整理する場合の損失負担等

　親会社が子会社の整理のために行う債権の放棄、債務の引受けその他の損失負担については、一概にこれを贈与と認められない側面があり、その内容にかかわらず、寄附金と処理するのは実態にそぐわないことから、法人がその子会社等の解散、経営権の譲渡等に伴い当該子会社等のために債務の引受けその他の損失負担又は債権放棄等〔損失負担等〕をした場合において、その損失負担等をしなければ今後より大きな損失を蒙ることになることが社会通念上明らかであると認められるためやむを得ずその損失負担等をするに至った等そのことについて相当な理由があると認められるときは、その損失負担等により供与する経済的利益の額は、寄附金の額に該当しないものとされている（法基通9－4－1）。

　また、法人がその子会社等に対して金銭の無償もしくは通常の利率よりも低い利率での貸付け又は債権放棄等〔無利息貸付け等〕をした場合において、その無利息貸付け等が例えば業績不振の子会社等の倒産を防止するためにやむを得ず行われるもので合理的な再建計画に基づくものであるなど、その無利息貸付け等をしたことについて相当な理由があると認められるときは、その無利息貸付け等により供与する経済的利益の額は、寄附金の額に該当しないものとされている（法基通9－4－2）。

1 損失負担等の経済合理性の判断

　子会社等を整理又は再建する場合の損失負担等については、その損失負担等に経済合理性がある場合には寄附金に該当しないが、この経済合理性を有しているか否かの判断は、次のような点について、総合的に検討する[5]。

[5]　国税庁ホームページ 法人税質疑応答事例「合理的な整理計画又は再建計画とは」に基づき作成

① 　損失負担等を受ける者は、「子会社等」に該当するか

② 　子会社等は経営危機に陥っているか（倒産の危機にあるか）

　(注)　倒産の危機に至らないまでも経営成績が悪いなど、放置した場合には今後より大きな損失を蒙ることが社会通念上明らかであるかどうかを検討することになる。

③ 　損失負担等を行うことは相当か（支援者にとって相当な理由はあるか）

④ 　損失負担等の額（支援額）は合理的であるか（過剰支援になっていないか）

⑤ 　整理・再建管理はなされているか（その後の子会社等の立ち直り状況に応じて支援額を見直すこととされているか）

　(注)　子会社等の整理の場合には、一般的にその必要はないが、整理に長期間を要するときは、その整理計画の実施状況の管理を行うこととしているかどうかを検討することになる。

⑥ 　損失負担等をする支援者の範囲は相当であるか（特定の債権者等が意図的に加わっていないなどの恣意性がないか）

⑦ 　損失負担等の額の割合は合理的であるか（特定の債権者だけが不当に負担を重くし又は免れていないか）

2 損失負担（支援）額の合理性

　損失負担（支援）額が合理的に算定されているか否かは、次のような点から検討する[6]。

[6]　国税庁ホームページ法人税質疑応答事例「損失負担（支援）額の合理性」に基づき作成

① 　損失負担（支援）額が、子会社等を整理するため又は経営危機

を回避し再建するための必要最低限の金額とされているか

②　子会社等の財務内容、営業状況の見通し等及び自己努力を加味したものとなっているか

【基本的な考え方】

　子会社等を再建又は整理するための損失負担等は、子会社等の倒産を防止する等のためにやむを得ず行われるものでるので、損失負担（支援）額は、必要最低限の金額でなければならない。

　支援の方法としては、無利息貸付け、低利貸付け、債権放棄、経費負担、資金贈与、債務引受けなどがあり、その実態に応じた方法が採用される。

　必要最低限の支援であり、子会社等はそれなりの自己努力（遊休資産の売却、経費の節減、増減資等）を行っていることが通例であり、損失負担（支援）額は、被支援者等の自己努力を加味した金額となる。

　過剰支援と認められる場合には、単なる利益移転とみなされ、寄附金課税の対象となる。

❸ 関連裁決事例（要旨）

(1) 経営状態が悪化したことを理由とする子会社に対する経済的利益の供与は寄付金に当たると認定した事例（昭54.6.28裁決・裁決事例集No.18-80頁）

　請求人は、製品のすべてを請求人に納入している子会社5社から、従来、売上金額に一定の割合を乗じた額の経営指導料及び技術指導料を収受しており、また、これら子会社に金銭貸付けを行った場合には、契約に基づき一定の率による利子を収受していたところ、これら子会社のうちのA社及びB社の経営状態が悪化し、多額の欠損金額を生ずるに至ったため、既に確定的に発生していたA社及びB社に対する経営指導料の額及び技術指導料の額並びに利息の額の支払いを免除した。経済的利益の供与であっても、その経済的利益の供与が合理的な理由に基づくものである場合には寄付金に該当しないと考えるべきことは請求人の主張のとおりであるが、A社及びB社の経営状態が債権者にとってその有する債権につき回収不能が生じたと認定し得るほど悪化しているとは認められず、また、親子会社が全体として統一した経営意思により経営されているいわゆる運命共同体的関係

にあるとしても、そのことだけを理由として税務上親子会社個々の所得金額の計算について特別な観点から一般と異なる取扱いをすることは許されていないのであり、さらに、請求人が、本件各免除の代償として、Ａ社及びＢ社から役務の提供を受け、又は履行すべき取引上の義務を免れるといった何らかの具体的反対給付を得るに至った事実が認められないのであるから、本件各免除によるＡ社及びＢ社に対する経済的利益の供与は、寄付金に該当するものといわざるを得ない。

(2) いわゆる兄弟会社に対する貸付債権の放棄について寄付金として認定した原処分は相当でないとした事例（昭 57.6.22 裁決・裁決事例集 No.24-110 頁）

　　原処分庁は、本件貸付債権の放棄について、法人税基本通達９－４－１に定める「相当な理由」があるとは認められないと主張するが、［1］請求人は、甲ビルを譲渡して請求人の兄弟会社である乙社に対して資金援助を行ったが、これは、同社が倒産した場合には社会的責任が生ずるのみならず、結局、請求人も共倒れになるという関係会社間におけるより大きな損失を避けるためのものと認められ、かつ、資金援助をする方法として最後に残された唯一の手段であったことが認められること、また、［2］同社の実質的な経営の引継ぎをするに当たり、請求人は本件貸付債権を放棄したが、これは、同社の再建に自信のない丙が経営を丁に引き受けてもらうために、同社の財政状態を改善する必要に迫られてやむを得ず行ったものであると認められることからすれば、当該通達の趣旨に照らして、「相当な理由」があると解すべきであると認められ、本件貸付債権の放棄による損失の額は、寄付金の額に該当しないというべきである。

(3) 請求人がその子会社に対する売上値引及び売買損失として損金経理した金額は、いずれも子会社に対する経済的利益の無償の供与であり、寄付金の額に該当するとした事例（昭 63.9.13 裁決・裁決事例集 No.36-145 頁）

　　法人がその有する債権を放棄し又は他人の債務を負担したような場合には、それは一般的には経済的な利益の無償の供与に当たることとなるから、これらの行為により生じた損失の額は、寄付金の額に該当するというべきであるが、法人がこれらの行為をした場合でも、それが例えばその法人自

体の経営危機を回避するためにやむを得ず行ったものであること等、そのことについて相当な理由があると認められるときは、その行為により生じた損失の額は、寄付金の額に該当しないものと解されるところ、請求人は、本件売上値引及び本件売買損失については、法人税基本通達9－4－1に定める相当な理由があるといえるから、これらの額は寄付金の額に該当しないと主張するが、本件売上値引は、通常の売上値引とは認められず、かえって、売上値引の名義をもってした子会社に対する欠損金補てんのための援助であると認められ、また、本件売買損失は、通常の取引の結果生じたものとは認められず、かえって、子会社の負担すべき損失を代わって負担することにより、子会社に対し経済的な利益の無償供与をしたものであると認められることから、請求人がその援助をしたこと又は経済的な利益の無償の供与をしたことについては、同通達に定める相当な理由があるとはいえず、いずれも寄付金の額に該当するというべきである。

(4) 請求人がその子会社の債務超過などを理由として売掛金及び貸付金を放棄したことは、いずれも子会社に対する経済的な利益の無償の供与であり、寄付金の額に該当するとした事例（平9.6.2裁決・裁決事例集No.53-293頁）

　法人がその有する債権を放棄し又は他人の債務を負担したような場合には、それは一般的には経済的な利益の無償の供与に当たることとなるから、これらの行為により生じた損失の額は、寄付金の額に該当するというべきであるが、法人がこれらの行為をした場合でも、それが例えばその法人自体の経営危機を招くことを回避するためにやむを得ず行ったものであること等、そのことについて相当の理由があると認められるときは、その行為により生じた損失の額は、寄付金の額に該当しないものと解されるところ、請求人は本件売掛金及び貸付金を放棄したことについては、法人税基本通達9－4－1に定める相当の理由があるといえるから、これらの額は寄付金の額に該当しないと主張するが、請求人は100パーセントの株式を保有する同一商号の新子会社を設立し、対外的には表面上何ら変わらないようにして旧子会社に債務を負わせたまま営業を譲渡したものであるところから、本件売掛金の放棄は、旧子会社に実質的に負債のみを残す内容のものであること、当該譲渡が行われなければ回収も不可能ではなかったと

認められることなど、両会社がいずれも請求人の支配する子会社であるためになしえたものと認められる。

　また、本件貸付金は、融資が行われた時点で既に旧子会社から融資金を回収することは困難であったと認められること、さらには、貸付けは旧子会社の解散後に行われており、請求人は当初から回収する意思はなかったと推認されることから、旧子会社の負担すべき損失を代わって負担することにより、旧子会社に対し経済的な利益の無償の供与をしたものであると認められることから、請求人が経済的な利益の無償の供与をしたことについては、同通達に定める相当な理由があるとはいえず、いずれも寄付金の額に該当するというべきである。

(5) 請求人が子会社支援損とした同社に対する貸付債権の放棄額は、寄附金に該当するとした事例（平14.6.28裁決・裁決事例集No.63-341頁）

　請求人は、子会社であるH社に対する債権放棄につき、銀行から同社の債務超過の解消を求められ、それができないとすると、同社の銀行借入金の返済を請求人が肩代わりしなければならないという状況の中で、合理的な再建計画に基づいてなされたもので、その負担をしなければより多くの金銭的負担をしなければならないことはもとより、グループ企業全体への信用収縮という重大な結果を招き、請求人がより大きな損失を被ることが明らかであるから、本件債権放棄は寄附金に該当しない旨主張する。

　しかしながら、銀行がH社の債務超過の解消を求められていた事実は認められず、むしろ、H社自身の判断により請求人に本件債権放棄を要請していたこと、請求人は、翌期において、1億4,000万円をH社に貸付けており、H社が資金ショートにより倒産する状況にあったとは認められないこと、請求人がH社に対する貸付金の元本の返済猶予と金利の棚上げを行った場合と本件債権放棄を行った場合とで、H社の資金効果は何ら異ならないこと、H社は、請求人及び銀行からの金利減免を受け、再建に係るリストラ等の自助努力を推進することにより、自力再建が可能であると認められること等からすれば、本件債権放棄は、H社の倒産を防止するためにやむを得ず行われたものであるとか、合理的な再建計画に基づいてなされたものと認められないため、その放棄した額は寄附金に該当する。

Ⅲ 完全支配関係がある法人間における取引 〜寄附金及び受贈益

　内国法人が、その内国法人との間に法人による完全支配関係がある他の内国法人に対して支出した寄附金の額は、損金の額に算入しないこととされ（法法37②）、当該他の内国法人が受けた受贈益の額は益金の額に算入しないこととされている（法法25の2）。

● 1 法人による完全支配関係

　この制度における完全支配関係については、法人による完全支配関係に限られ、個人による完全支配関係が除かれている。その理由については、「例えば親が発行済株式の100％を保有する法人から子が発行済株式の100％を保有する法人への寄附について損金不算入かつ益金不算入とすると、親から子へ経済的価値の移転が無税で行われることとなり、相続税・贈与税の回避に利用されるおそれが強いことによ（る）」と説明されている*7。

＊7　泉恒有他『改正税法のすべて（平成22年版）』（大蔵財務協会、2010.7）206〜207頁

　なお、当該内国法人と当該他の内国法人との間に一の者（法人に限る）による完全支配関係がある場合には、当該内国法人及び当該他の内国法人の発行済株式等の全部を当該一の者を通じて個人が間接に保有することによる完全支配関係があるときであっても、その寄附金の額は法人税法37条2項の適用があるとされている（法基通9－4－2の5）。

● 2 対象となる寄附金の額及び受贈益の額

　制度の対象となる寄附金は、受贈益の益金不算入規定を適用しないとした場合に他の内国法人の各事業年度の所得の金額の計算上<u>益金の額に算入される受贈益の額に対応するもの</u>に限られている。したがって、例えば、当該他の内国法人が公益法人等であり、その受贈益の額が当該他の内国法人において法人税の課税対象外である収益事業以外

●法人による完全支配関係

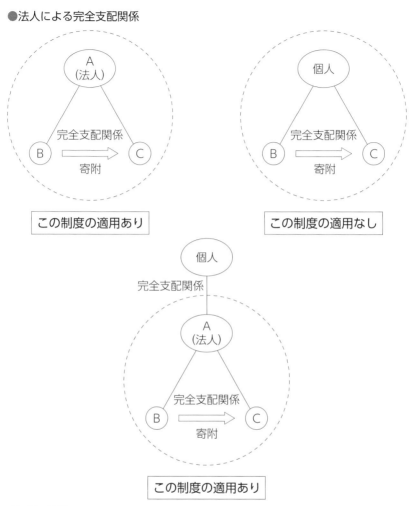

(出典) 前掲＊7　207頁

　の事業に属するものとして区分経理されているときには、当該受贈益の額を当該他の内国法人の課税所得計算において益金の額に算入することができないことから、当該寄附金の額は「受贈益の額に対応するもの」に該当しないことになる（法基通9－4－2の6）。

　また、この制度の対象となる受贈益は、寄附金の損金不算入規定を適用しないとした場合に、他の内国法人の各事業年度の所得の金額の

計算上損金の額に算入される寄附金の額に対応するものに限られている。したがって、例えば、当該他の内国法人が公益法人等であり、その寄附金の額が当該他の内国法人において法人税の課税対象外である収益事業以外の事業に属する資産のうちから支出されたものであるときには、当該寄附金の額を当該他の内国法人の課税所得計算において損金の額に算入することができないことから、当該受贈益の額は「寄附金の額に対応するもの」に該当しないことになる（法基通４－２－４）。

なお、法人が経営危機に瀕した子会社等を整理するに当たって損失負担等をした場合であっても、その損失負担等をしたことについて相当の理由があると認められるときには、その損失負担等により供与する経済的利益の額は、寄附金の額に該当しないものとされ（法基通９－４－１）、また、法人が業績不振の子会社等を再建するに当たって行った無利息貸付け等に相当の理由があると認められる場合には、それにより供与する経済的利益の額は、同様に寄附金の額に該当しないものとされている（法基通９－４－２）。これらの場合の子会社等において、その受けた経済的利益の額については、「受贈益」として認識することになるが、当該受贈益の額は「寄附金の額に対応するもの」に該当しないことから、当該受贈益の額を益金不算入とする措置は適用されない（法基通４－２－５）。

● 3 ｜ 無償による役務の享受

法人税法22条２項は、当該事業年度の益金の額に算入すべき金額について、「別段の定めがあるものを除き、資産の販売、有償又は無償による資産の譲渡又は役務の提供、無償による資産の譲受けその他の取引で資本等取引以外のものに係る当該事業年度の収益の額」と規定し、無償による役務の享受（無償による役務の提供を受けた場合）が明示されていない。

無償による役務の享受については、「支払うべき費用（有償の場合なら支払う対価）が減少しているため、益金を計上しなくても、結果としてその事業年度の課税所得が増えているから、さらに益金を認識

する必要がない（仮に、費用の支払いと受贈益の双方を計上したとしても、結局は相殺されて課税はない）*8」と理解されているが、法人税基本通達４－２－６においては、「内国法人が、当該内国法人との間に完全支配関係がある他の内国法人から、例えば、金銭の無利息貸付け又は役務の無償提供などの経済的利益の供与を受けた場合には、支払利息又は役務提供の対価の額を損金の額に算入するとともに同額を受贈益の額として益金の額に算入することとなる」として、課税庁の解釈として、いわゆる「両建て処理」を行うことが示された上で、当該経済的利益の額が当該他の内国法人において寄附金の額（法法３⑦）に該当するときには、当該受贈益の額は、その全額が益金不算入となるとされている。

＊８　渡辺徹也『スタンダード法人税法（第２版）』（弘文堂、2019）66頁

　なお、「税務大学校論叢」に収録されている論考によれば、「無償による役務の享受から益金は生じないと一般には理解されているところであるが、法人所得の概念や益金の概念、そして、無償取引から益金が生ずる根拠やその範囲に係るこれまでの議論を踏まえると、無償による役務の享受からも益金が生ずると考えられる。そして、そのことは、公正処理基準や各種税制等との関係でも矛盾や齟齬を来さないと考えられる*9」という指摘がなされている。課税庁の法令解釈を理論的に補完しているようにも思料され、期間損益等、課税所得計算に影響するような取引については、留意する必要がある。

＊９　戸塚裕輔「益金が生ずる無償取引について－無償による役務の享受の取扱いに関する理論的検討－」税務大学校論叢第97号（令和元年６月）

■ 法人税基本通達４－２－６に関する課税当局の解説

　法人税基本通達４－２－６に関して課税当局は、次のように解説をしている*10。

＊10　国税庁「平成22年６月30日付課法２－１ほか１課共同「法人税基本通達等の一部改正について」（法令解釈通達）の趣旨説明」。ただし、下線は筆者。

1　従来、子会社が負担すべき費用に相当する金額を親会社が負担したことにより、その負担した金額が親会社において寄附金の額に該当する場

合であっても、子会社においては当該費用の額と受贈益の額が相殺され、所得金額に影響がないことから、あえて両建て処理を行わないこととしても法人税の課税所得の計算上特段問題は生じなかった。

　しかし、平成22年度の税制改正において、法人による完全支配関係がある内国法人から受けた受贈益の額については益金不算入とされたことから（法25の2①1）、上記のような子会社にあっては、当該費用の額を損金算入するとともに、当該受贈益の額を益金算入する両建て処理を行い、併せて、当該受贈益の額を益金不算入とすることが必要となり、その所得金額に影響が生じることになった。

2　そこで、本通達においては、このことを明らかにするため、内国法人がその内国法人との間に法人による完全支配関係がある他の内国法人から、例えば、金銭の無利息貸付け又は役務の無償提供など金銭の授受を伴わない経済的利益の供与を受けた場合において、この経済的利益の額が当該他の内国法人において法人税法上の寄附金の額に該当するときには、当該内国法人においては、その受けた経済的利益の額が受贈益の額となり、その全額が益金不算入とされることを留意的に明らかにしている。（以下省略）

●4 ｜ 寄附修正

　法人が有する当該法人との間に完全支配関係がある他の法人（子法人）の株式について寄附修正事由が生ずる場合には、次の金額を利益積立金額に加算し（法令9①七）、その寄附修正事由が生じた時の直前の帳簿価額にその金額を加算することとされている（法令119の3⑨）。

（加算する金額）
　　受贈益の額×持分割合－寄附金の額×持分割合
（寄附修正事由）
　　①　子法人が他の内国法人から受贈益の額で受贈益益金不算入制度（法法25の2）の適用があるものを受けたこと
　　②　子法人が他の内国法人に対して寄附金の額で寄附金損金

不算入制度（法法37②）の適用があるものを支出したこと

　すなわち、子法人が寄附金損金不算入制度の適用がある寄附金を支出した場合に、その株主において、その寄附による純資産の減少額相当分が寄附をした子法人の株式の帳簿価額から減算（利益積立金額も減算）するとともに、受贈による純資産の増加額相当分が受贈した子法人の株式の帳簿価額に加算（利益積立金額も加算）するというものである。

　この措置は、「上記イの改正（筆者注・法法37②及び法法25の2）により、グループ法人間の寄附について課税関係を生じさせないこととなるため、これを利用した株式の価値の移転が容易となり、これにより子法人株式の譲渡損を作出する租税回避が考えられることから、これを防止するために、子法人株式の帳簿価額を調整するもの[11]」とされ、また、「グループの頂点の法人まで連鎖的に行うことが制度の整合性の観点から望ましいものではあるものの、事務負担に配慮し、直接の株主段階のみ行うこと[12]」と説明されている。

＊11、12　前掲＊7　208頁

● 100％グループ内の法人間の寄附

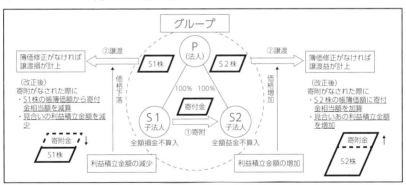

（出典）財務省「平成22年度改正関係参考資料（法人税関係）」8頁

Ⅳ 役員に対する経済的利益の供与

役員給与の損金不算入制度（法法 34）又は過大な使用人給与の損金不算入制度（法法 36）の適用となる給与には、債務の免除による利益その他の経済的な利益を含むものとされている（法法 34 ④、36）。

●役員給与税制の概要

役員給与の類型	概　　　要
定期同額給与 （法法 34 ①一）	１月以下の一定期間毎に同額で支給するもの
事前確定届出給与 （法法 34 ①二）	事前の届出に従い、所定の時期に確定額の金銭又は確定数の株式・新株予約権等を支給するもの （注）一定の要件を満たす給与については、届出は不要。
業績連動給与 （法法 34 ①三）	業績に連動して支給する給与で、一定の要件を満たすもの （注）同族会社にあっては、非同族会社による完全支配関係がある法人に限る。

（備考）退職給与で業績連動給与に該当しないものについては、法法 34 ①一～三の要件を充足することなく損金算入が可能となる。なお、「退職給与で業績給与に該当しないもの」の解釈については、法基通９－２－27 の２（退職給与に該当しない役員給与）及び９－２－27 の３（業績連動給与に該当しない退職給与）を参照されたい。

1 「経済的な利益」の意義

役員に対して支給する給与に含まれる「債務の免除による利益その他の経済的な利益」とは、法人がこれらの行為をしたことにより実質的にその役員等に対して給与を支給したと同様の経済的効果をもたらすものをいい、具体的な経済的利益を例示すれば、次の①から⑫のとおりである（法基通９－２－９）。

なお、役員等に対し給与を支給したと同様の経済的効果がもたらされる場合であっても、明らかに株主等の地位に基づいて取得したと認められるものは配当であり、病気見舞、災害見舞等のような社会通念

●報酬類型ごとの損金算入の可否

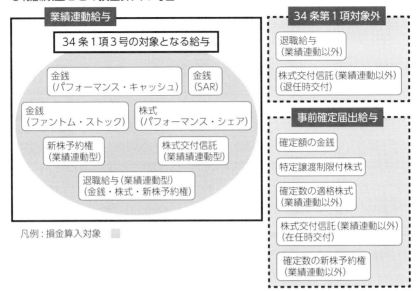

(出典) 経済産業省産業組織課「「攻めの経営」を促す役員報酬～企業の持続的成長のためのインセンティブプラン導入の手引～」(2021年6月時点版)97頁

上の純然たる贈与と認められるものは含まれない。

① 役員等に対して物品その他の資産を贈与した場合におけるその資産の価額に相当する金額

② 役員等に対して所有資産を低い価額で譲渡した場合におけるその資産の価額と譲渡価額との差額に相当する金額

③ 役員等から高い価額で資産を買い入れた場合におけるその資産の価額と買入価額との差額に相当する金額

④ 役員等に対して有する債権を放棄し又は免除した場合（貸倒れに該当する場合を除く）におけるその放棄し又は免除した債権の額に相当する金額

⑤ 役員等から債務を無償で引き受けた場合におけるその引き受けた債務の額に相当する金額

⑥ 役員等に対してその居住の用に供する土地又は家屋を無償又は

低い価額で提供した場合における通常取得すべき賃貸料の額と実際徴収した賃貸料の額との差額に相当する金額

⑦　役員等に対して金銭を無償又は通常の利率よりも低い利率で貸し付けた場合における通常取得すべき利率により計算した利息の額と実際徴収した利息の額との差額に相当する金額

⑧　役員等に対して無償又は低い対価で⑥及び⑦に掲げるもの以外の用役の提供をした場合における通常その用役の対価として収入すべき金額と実際に収入した対価の額との差額に相当する金額

⑨　役員等に対して機密費、接待費、交際費、旅費等の名義で支給したもののうち、その法人の業務のために使用したことが明らかでないもの

⑩　役員等のために個人的費用を負担した場合におけるその費用の額に相当する金額

⑪　役員等が社交団体等の会員となるため又は会員となっているために要する当該社交団体の入会金、経常会費その他当該社交団体の運営のために要する費用で当該役員等の負担すべきものを法人が負担した場合におけるその負担した費用の額に相当する金額

⑫　法人が役員等を被保険者及び保険金受取人とする生命保険契約を締結してその保険料の額の全部又は一部を負担した場合におけるその負担した保険料の額に相当する金額

〔参考〕国税庁「災害に関する法人税、消費税及び源泉所得税の取扱いFAQ」（令和元年７月）（抄）

被災した自己の従業員等に対する災害見舞金品

［Q8］従業員等に対して支給した災害見舞金品は、福利厚生費とし損金の額に算入されますか。

［A］

　法人が、被災した自己の従業員等に支給する災害見舞金品が福利厚生費として取り扱われるためには、その支給が、①被災した全従業員に対して被災した程度に応じて支給されるものであるなど、各被災者に対する支給が合理的な基準によっていること、②その金額もその支給を受ける職制上の地位等に照らし被災に対する見舞金として社会通念上相当であるなど「一定の基準」に則った

ものであることが必要です。

　また、「一定の基準」については、あらかじめ社内の慶弔規程等に定めていたもののほか、今回の災害を機に新たに定めた規程等であっても、これに該当するものとして取り扱われます。

　なお、法人が役員等に対して経済的な利益を供与した場合であっても、それが所得税法上経済的な利益として課税されないものであり、かつ、当該法人がその役員等に対する給与として経理しなかったものであるときは、給与として取り扱わないものとされている（法基通9－2－10）。

　経済的な利益として課税されないものを挙げると、次のようなものがある。

1 職務の性質上又は使用者の業務の遂行上必要とされるもの

① 制服に準ずる事務服、作業服等（所基通9－8）

② 残業又は宿日直をした者に支給する食事（所基通36－24）

③ 役員又は使用人に対し技術の習得等をさせるために支給する金品（所基通36－29の2）

④ 使用者が負担する役員又は使用人の行為に基因する損害賠償金等で一定の条件に該当するもの（所基通36－33）

2 個人に対する利益の帰属又はその程度が不明確なもの

① 使用者が寄宿舎の電気料等を負担することによる利益（所基通36－26）

② 使用者が役員又は使用人に対し自己の営む事業に属する用役を無償もしくは通常の対価の額に満たない対価で提供することにより利益、又は使用者が運営費等を負担する福利厚生施設の利用による利益（当該経済的利益の額が著しく多額であると認められる場合又は役員だけを対象として供与される場合を除く）（所基通36－29）

③ 使用者が業務遂行上の必要性に基づいて負担するゴルフクラブ、レジャークラブ、社交団体の入会金等（所基通36－34～36－35の2）

❸ 少額不追求の趣旨で課税除外しているもの

① 社会通念上相当と認められる永年勤続者の記念品等、創業記念品等（所基通 36 - 21、36 - 22）

② 役員又は使用人に対する自己の取扱商品、製品等の値引販売で一定の条件に該当するもの（所基通 36 - 23）

③ 役員又は使用人に対する金銭の無利息又は低利の貸付けによる利益で、その貸付けが災害、疾病等に基因するもの及びその利益が少額のもの（所基通 36 - 28）

④ 使用者が負担するレクリエーション費用（所基通 36 - 30）

⑤ 使用者が負担する少額な保険料等（所基通 36 - 32）

⑥ 使用者が役員又は使用人に対し支給した食事の費用で少額なもの（所基通 36 - 38 の 2）

●2 継続的に供与される経済的利益

役員に対して継続的に供与される経済的な利益のうち、その供与される利益の額が毎月おおむね一定であるものは、定期同額給与（法法 34 ①一）に該当することとされている（法令 69 ①二）。

この場合の「継続的に供与される経済的な利益のうち、その供与される利益の額が毎月おおむね一定であるもの」に関しては、次のように例示的に明らかにされている（法基通 9 - 2 - 11）。

① 役員に対する資産の贈与、資産の低廉譲渡又は用益の無償若しくは低価による提供で、その経済的利益の額が<u>毎月おおむね一定しているもの</u>

② 役員に対する居住用の土地、家屋の無償若しくは低価による提供又は金銭の無償若しくは低利率による貸付けで、その経済的な利益の額が毎月著しく変動するもの以外のもの

(注) 例えば、金銭の貸付けであれば、元本の返済状況等により利息の額が逓減していき毎月の経済的利益の額が一定していないものもあろうが、そのような場合であっても<u>その額が毎月著しく変動するものでなければ</u>「その供与される利益の額が毎月おおむね一定であるもの」として解されている*13。

＊13 国税庁「平成19年3月13日付課法2－3ほか1課共同「法人
税基本通達等の一部改正について」（法令解釈通達）の趣旨説明」

③ 役員に交際費等の名義で支出したもののうちでその費途が不明
なものやその法人の業務に関係がないと認められるもののうち、
毎月定額により支給される渡切交際費に係るもの

④ 役員の個人的費用のうち住宅の光熱費、家事使用人の給料等で
法人が毎月負担するもので、その経済的利益の額が毎月著しく変
動するもの以外のもの

(注) 例えば、住宅の光熱費では季節による変動が、家事使用人の給料等
では毎月の給与とは別の賞与の支給などにより、必ずしも毎月の経済
的利益の額が一定していないものもあろうが、そのような場合であっ
てもその額が毎月著しく変動するものでなければ「その供与される利
益の額が毎月おおむね一定であるもの」と解されている＊14。

＊14 前掲＊13

⑤ 役員が会員となっている社交クラブの経常会費その他の費用又
は役員の生命保険料で、法人が経常的に負担しているもの

(注) 例えば、社交クラブの経常会費などは必ずしも毎月支出するもので
はないが、当該役員が現に受ける経済的利益の額がおおむね毎月一定
であるものと考えられることから、法人が経常的に負担するものであ
れば、「その供与される利益の額が毎月おおむね一定であるもの」と解
されている＊15。

＊15 前掲＊13

なお、「その供与される利益の額が毎月おおむね一定」であるか否
かに関しては、「法人が負担した費用の支出時期によるのではなく、
その役員が現に受ける経済的利益が毎月おおむね一定であるかどうか
により判定することとなる」とされ、「法人の負担した費用が、その
購入形態や支払形態により毎月支出するものでない場合であっても、
当該役員が供与を受ける経済的利益が毎月おおむね一定であるとき
は、定期同額給与に該当する＊16」とされている。
＊16 前掲＊1 878頁
したがって、役員が負担すべき生命保険料を年払契約で支払ってい

る場合には、取締役会決議等により負担金額、支払時期等を定めたと
しても（会社法 361 ①一、二）、その役員が受ける経済的利益は毎月
一定と考えられるので定期同額給与として取り扱われるとされてい
る＊17。

＊17　若林幸三他編著『実務問答式　役員と使用人の給与・賞与・退職金の実務』
（大蔵財務協会、2018）190・191 頁

Ⅴ　関連会社への出向・転籍

　「出向」とは、「労働者が自己の雇用先の企業に在籍のまま、他の
企業の事業所において相当の長期間にわたって当該他企業の業務に従
事すること」をいい、また、「転籍」とは、現在雇用されている企業
と労働契約関係を終了させ、他企業との間に新たに労働契約関係を成
立させることをいう（独立行政法人労働政策研究・研修機構 HP －雇
用関係紛争判例集参照）。

● 1 ｜ 出向者に対する給与の負担

　従業員等が出向した場合には、その従業員等に対する給与は、役務
提供を受ける出向先法人において負担するのが原則である。
　上記の原則的な取扱いを踏まえれば、出向者に対する給与を出向元
法人で負担し、出向先法人が負担しなかった場合、そのことについて
合理的な理由がある場合を除き、出向元法人から出向先法人へ経済的
利益の供与は寄附金に該当する。
　出向元法人と出向先法人との間に法人による完全支配関係がある場
合には、出向元法人に係る寄附金は全額損金の額に算入されず（法法
37 ②）、また、出向先法人に係る受贈益は全額益金の額に算入されな
い（法法 25 の 2）。
　出向者に対する給与を出向元法人が支給することとしているため、
出向先法人が給与負担金（自己の負担すべき給与に相当する金額）を
出向元法人に支出したときは、当該給与負担金の額は、出向先法人に
おけるその出向者に対する給与として取り扱われる（法基通 9 － 2 －
45）。出向先法人が出向元法人に支出する金額は、例えば、経営指導

料等の名義で支出する場合にも適用があるが（同通達注1）出向先法
人が「自己の負担すべき給与に相当する金額」として、基本的には、
出向先法人の給与ベースに照らして、出向者の労務提供の対価として
相当と認められる金額に限られる。

　出向先法人が給与負担金として相当と認められる金額を超えて支
払った場合には、その支出の事実関係を踏まえて判断する必要がある
が、合理的な理由なく超過負担している場合には、出向先法人から出
向元法人に対する寄附があったものとされるので、「合理的な理由」、
例えば、経営指導料等を支出しなければならない相当の理由、金額の
妥当性について整理する必要がある。

　出向先法人と出向元法人とで給与形態が相違する等の理由により、
出向先法人が出向従業員等に対する従前の給与等の全額を負担できな
い場合も生じるが、出向元法人が出向先法人との給与条件の較差を補
塡するため出向者に対して支給した給与の額（出向先法人を経て支給
した金額を含む）は、当該出向元法人の損金の額に算入することとさ
れている（法基通9－2－47）。

　この場合に、出向元法人が出向者に対して支給する次の金額は、い
ずれも給与条件の較差を補塡するために支給したものと解されている
（法基通9－2－47（注））。

　①　出向先法人が経営不振等で出向者に賞与を支給することができ
　　ないため出向元法人が当該出向者に対して支給する賞与の額
　②　出向先法人が海外にあるため出向元法人が支給するいわゆる留
　　守宅手当の額

■ **関連裁判例**

● **出向元法人が支出する出向者給与負担差額（東京地判平23.1.28・
税務訴訟資料第261号－13（順号11603））**

1　本件は、原告が、平成15年4月1日から同16年3月31日まで、
同年4月1日から同17年3月31日まで及び同年4月1日から同18
年3月31日までの各事業年度の法人税について、子会社に出向させた
原告の従業員に対して支払った給与の支給額の合計額から出向負担金名
目で同子会社から支払いを受けた上記給与の支給額の合計額の約50%

に相当する金額を差し引いた額を損金の額に算入してそれぞれ確定申告を行ったところ、東京上野税務署長が、給与負担差額は法人税法 37 条の寄附金に該当し、損金の額に算入することはできないとして、本件各事業年度につきそれぞれ更正処分及び過少申告加算税賦課決定処分をしたことから、原告が上記各処分の取消しを求める事案である。

2　出向者は、出向先法人の指揮命令の下で出向先法人のために労務の提供をするものであるところ、労働者の給与は労務提供の対価であるから、労務の提供を受ける法人が当該労働者の給与を負担するのが原則であり、したがって、出向者に対する給与は、労務の提供を受ける出向先法人において負担するのが原則であるということができる。そうすると、出向元法人が出向者に対する給与の全部又は一部を負担している場合には、このような負担をすることについて通常の経済取引として是認できる合理的理由がなければ、出向元法人が負担した金額は、出向先法人に対して経済的利益を供与したものということになり、法人税法 37 条の寄附金に該当するというべきである。

3　原告は、原告と出向先である子会社 B 社との間には給与較差が存在し、給与負担差額は、その補塡のために行われたものであるから、通常の経済取引として是認できる合理的理由がある旨主張する。しかしながら、前記認定事実のとおり、原告から B 社への出向者に係る給与の一部を原告が負担すること、及びその負担額を給与の 50％相当額とすることが決定された時点で、B 社にプロパー従業員は存在せず、プロパー従業員に係る賃金表も作成されていなかったものであり、原告と B 社との間に具体的な給与較差が存在したものと認めることはできない。そうすると、原告による給与負担差額は、原告と B 社との間の給与較差を補てんするためにされたものであるということはできない。

4　原告は、B 社が本件各事業年度において本件出向者に係る給与全額を負担した場合には、直ちに倒産の危機にひんすることなども考慮すれば、原告が給与負担差額を負担することには通常の経済取引として是認できる合理的な理由がある旨主張する。しかし、証拠によれば、本件出向が実施される以前において B 社の経営状況に特段の問題はなかったことが認められるところ、B 社が原告からの出向者に係る給与全額を負担する

ことによって倒産の危機にひんするというのであれば、それは正に本件出向に基因するものなのである。原告が、Ｂ社に倒産のおそれを生じさせる本件出向を自ら実施しながら、一方で給与負担差額を負担したとしても、このような負担が、業績不振の子会社の倒産を防止するためにやむを得ず行われるものと認められるものでないことは明らかである。

5　そうすると、原告が本件各事業年度における本件出向者に対する給与の一部を負担したことについて、通常の経済取引として是認できる合理的な理由はないものといわざるを得ないから、給与負担差額は、法人税法37条の寄附金に当たるというべきである。

6　原告が主張するその他の事情を考慮しても、真に原告の責めに帰することのできない客観的な事情があるということはできず、国税通則法65条4項の「正当な理由」があるとは認められない。

●2 役員給与税制との関係

出向者が出向先法人において役員となっている場合において、次のいずれにも該当するときは、出向先法人が支出する当該役員に係る給与負担金の支出を出向先法人における当該役員に対する給与の支給として、法人税法34条（役員給与の損金不算入）の規定が適用される（法基通9 - 2 - 46）。

①　当該役員に係る給与負担金の額につき当該役員に対する給与として出向先法人の株主総会、社員総会又はこれらに準ずるものの決議がされていること

②　出向契約等において当該出向者に係る出向期間及び給与負担金の額があらかじめ定められていること

したがって、上記①、②の決議等による給与負担金の支出時期、支出金額を役員給与の支給時期、支給金額として、法人税法34条1項1号（定期同額給与）又は2号（事前確定届出給与）の要件を充足するかどうかを判定することとなるので、事前確定届出給与に係る届出は、出向先法人がその納税地の所轄税務署長にその出向契約等に基づき支出する給与負担金に係る定めの内容について行うこととなる（法基通9 - 2 - 46（注）1）。

　なお、出向先法人が給与負担金として支出した金額について、出向元法人が当該出向者に支給する給与の額を超える場合のその超える部分の金額については、出向先法人にとって給与負担金としての性格はないとして取り扱われる（法基通9－2－46（注）2）。

●3 出向者に対する退職給与の負担

　法人の使用人が他の法人に出向した場合、転籍と異なり、出向元法人ではその出向者との間の雇用関係が存続しており、出向者に対する退職給与は、通常、出向元法人を実際に退職した時点で支給することになる。

　出向者の出向期間に対応する退職給与の額は、その労務の提供を受けていた出向先法人が負担すべきものであるから、本来相手方が負担すべき退職給与の額を負担した場合には、その負担したことにつき相当の理由がある場合を除き、基本的には、その負担した金額は相手方に対する寄附金に該当する。

(注)　「我が国における退職金制度の現状からみると、通常の給与、賞与のごとく常識的な給与であるということはできないし、また、実際に退職する際の事情その他によってその支給額が上下したりすることも十分にあり得るわけであるから、出向の事情によっては、出向先法人に退職給与を負担させないことがあったとしても、それなりに理由がある場合が十分あり得る＊18」として、出向先法人が出向者に対して出向元法人が支給すべき退職給与の額のうちその出向期間に係る部分の金額の全部又は一部を負担しない場合においても、その負担しないことにつき相当な理由があるときは、認められる（法基通9－2－50）。
　　　＊18　前掲＊1　942頁

　出向者の数が多くなり、また、出向関係が複雑になると負担関係も複雑になることから、出向先法人が、出向者に対して出向元法人が支給すべき退職給与の額に充てるため、あらかじめ定めた負担区分に基づき、当該出向者の出向期間に対応する退職給与の額として合理的に計算された金額を定期的に出向元法人に支出している場合には、その支出する金額は、その支出をする日の属する事業年度の損金の額に算

入することが認められ、この場合に、当該出向者が出向先法人におい
て役員となっているときであっても、退職給与の負担金の性格に変わ
りはないことから、同様である（法基通9－2－48）。

　なお、「負担金」は「あらかじめ定めた負担区分に基づき、当該出
向者の出向期間に対応する退職給与の額として合理的に計算された金
額」であることが前提とされているが、「その出向者の退職給与の要
支給額のうち負担金の計算期間に対応する部分の金額以下の金額を負
担することとしている場合には、合理的なもの」とされ、「この場合、
毎期の負担額の計算方法は斉一である必要があり、出向先法人ごとに
計算方法を変えることは一般に合理的なものとは認められない」、ま
た、「負担金の支出は毎月、毎事業年度等定期的であることを要する
ものであり、任意の時期に負担するものはこの取扱いによる損金算入
は認められない[19]」と解されているので、留意が必要である。

＊19　前掲＊1　941頁

Ⅵ　役務提供契約に係る印紙税

　印紙税は、印紙税法に規定する特定の文書を課税物件とする租税で
あり、現行の印紙税は、経済取引、権利の移転等が行われた際に、そ
れらの事項を証するために作成される証書、帳簿類のうち、20の文
書を限定列挙して課税対象としている。

　印紙税の趣旨については、「経済取引に伴い作成される文書の背後
には経済的利益があると推定されること及び文書を作成することに
よって取引事実が明確化し法律関係が安定化することに着目して広範
な文書に軽度の負担を求めるもの」（参議院・櫻井充議員提出・質問
主意書に対する政府答弁［平成17年3月15日答弁］）とされ、また、
「日本の税体系においては、所得税、法人税、消費税といった基幹税
目を補完する重要な役割を果たしている」（令和4年5月24日・参議
院財政金融委員会における財務大臣答弁）とされているが、「近年の
電子取引の増大等を踏まえ、制度の根幹からあり方を検討し見直
す[20]」旨の税制改正要望がなされている。

＊20　令和5年度・経済産業省税制改正要望

● 1 課税文書に該当するか否かの判定

　印紙税の納税義務は課税文書を作成したときに成立し（通則法15②十一）、作成者が納税義務者となる（印法3）。

　納税義務者は、原則として作成した文書に納付すべき税額に相当する金額の収入印紙を貼付し、消印することにより納付する（印法8）。

　「課税文書」とは、印紙税法別表第一・課税物件表の課税物件欄に掲げる文書により証されるべき事項〔課税事項〕が記載され、かつ、当事者の間において課税事項を証明する目的で作成された文書のうち、非課税文書（印法5）以外の文書をいう（印基通2）。

　文書が課税文書に該当するかどうかは、文書の全体を一つとして判断するのみでなく、その文書に記載されている個々の内容についても判断するものとし、また、単に文書の名称又は呼称及び形式的な記載文言によることなく、その記載文言の実質的な意義に基づいて判断するものとされ（印基通3①）、この場合の「記載文言の実質的な意義の判断」は、その文書に記載又は表示されている文言、符号を基として、その文言、符号等を用いることについての関係法律の規定、当事

●印紙税の課否判定

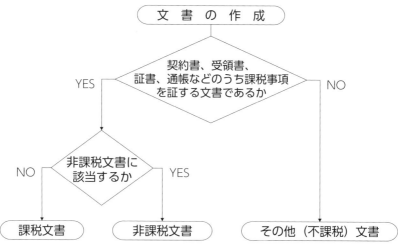

（出典）国税庁「印紙税の手引き」（令和4年5月）1頁

者間における了解、基本契約又は慣習等を加味し、総合的に行うものとされている（同3②）。

●2 第2号文書（請負に関する契約書）

請負契約については、次の表のとおり記載金額に応じて階級定額税率が適用される。

文書の種類	印紙税額	主な非課税文書
請負に関する契約書 (注) 請負には、職業野球の選手、映画（演劇）の俳優、プロボクサー、プロレスラー、音楽家、舞踊家、テレビジョン放送の演技者が、その者としての役務の提供を約することを内容とする契約を含む。	記載された契約金額が 　100万円以下のもの　　　　　　　　　200円 　100万円を超え200万円以下のもの　　400円 　200万円を超え300万円以下　〃　　1千円 　300万円を超え500万円以下　〃　　2千円 　500万円を超え1千万円以下　〃　　1万円 　1千万円を超え5千万以下　　〃　　2万円 　5千万円を超え1億円以下　　〃　　6万円 　1億円を超え5億円以下　　　〃　　10万円 　5億円を超え10億円以下　　　〃　　20万円 　10億円を超え50億円以下　　〃　　40万円 　50億円を超えるもの　　　　　　　　60万円 契約金額の記載のないもの　　　　　　200円 (注)「請負に関する契約書」のうち、建設工事（建設業法2①）の請負に係る契約で、平成26年4月1日から令和6年3月31日までの間に作成されるものについては次のとおり軽減されている。 記載された契約金額が 　200万円以下のもの　　　　　　　　　200円 　200万円を超え300万円以下　〃　　500円 　300万円を超え500万円以下　〃　　1千円 　500万円を超え1千万円以下　〃　　5千円 　1千万円を超え5千万以下　　〃　　1万円 　5千万円を超え1億円以下　　〃　　3万円 　1億円を超え5億円以下　　　〃　　6万円 　5億円を超え10億円以下　　　〃　　16万円 　10億円を超え50億円以下　　〃　　32万円 　50億円を超えるもの　　　　　　　　48万円	記載された契約金額が1万円未満のもの。なお、第2号文書と第3号から第17号文書とに該当する文書で第2号文書に所属が決定されるものは、記載された契約金額が1万円未満であっても非課税文書に該当しない。

「請負」の意義について、印紙税法においては特段定義を設けていないので、いわゆる借用概念である。この点について、印紙税法基本通達においては、民法632条に規定する請負をいい、完成すべき仕事の結果の有形、無形を問わないこととされている（印基通・第2号文

書1項）。

●民法（抄）

（請負）
第632条　請負は、当事者の一方がある仕事を完成することを約し、相手方が
　　その仕事の結果に対してその報酬を支払うことを約することによって、そ
　　の効力を生ずる。
（報酬の支払時期）
第633条　報酬は、仕事の目的物の引渡しと同時に、支払わなければならない。
　　ただし、物の引渡しを要しないときは、第624条第1項の規定を準用する。
（注文者が受ける利益の割合に応じた報酬）
第634条　次に掲げる場合において、請負人が既にした仕事の結果のうち可分
　　な部分の給付によって注文者が利益を受けるときは、その部分を仕事の完
　　成とみなす。この場合において、請負人は、注文者が受ける利益の割合に
　　応じて報酬を請求することができる。
　一　注文者の責めに帰することができない事由によって仕事を完成すること
　　　ができなくなったとき。
　二　請負が仕事の完成前に解除されたとき。
（委任）
第643条　委任は、当事者の一方が法律行為をすることを相手方に委託し、相
　　手方がこれを承諾することによって、その効力を生ずる。
（受任者の報酬）
第648条　受任者は、特約がなければ、委任者に対して報酬を請求することが
　　できない。
2　受任者は、報酬を受けるべき場合には、委任事務を履行した後でなければ、
　　これを請求することができない。ただし、期間によって報酬を定めたときは、
　　第624条第2項の規定を準用する。
3　受任者は、次に掲げる場合には、既にした履行の割合に応じて報酬を請求
　　することができる。
　一　委任者の責めに帰することができない事由によって委任事務の履行をす
　　　ることができなくなったとき。
　二　委任が履行の中途で終了したとき。
（成果等に対する報酬）
第648条の2　委任事務の履行により得られる成果に対して報酬を支払うこと
　　を約した場合において、その成果が引渡しを要するときは、報酬は、その
　　成果の引渡しと同時に、支払わなければならない。

　2　第634条の規定は、委任事務の履行により得られる成果に対して報酬を支払うことを約した場合について準用する。

　この「請負」は、完成された仕事の結果を目的とする点に特質があり、仕事が完成されるならば、下請負に出してもよく、その仕事を完成させなければ、債務不履行責任を負うような契約である。

　民法では、典型契約として請負契約を規定しているが、実際の取引においては各種変形した、いわゆる「混合契約」といわれるものが多く、印紙税法上どの契約としてとらえるべきものであるか判定の困難なものが多く見受けられる。

　この点に関し、印紙税法では、「一の文書で1若しくは2以上の号に掲げる事項とその他の事項が併記又は混合記載されているものは、それぞれの号に該当する文書」（印法別表第一、通則法2）と規定されていることから、一部の請負の事項が併記された契約書又は請負とその他の事項が混然一体として記載された契約書は、印紙税法上、請負契約に該当し、この結果、民法上、例えば、委任契約に近い混合契約であっても、印紙税法上は請負契約として解されることとなる。

　なお、請負の目的物には、家屋の建築、道路の建設、橋りょうの架設、洋服の仕立て、船舶の建造、機械の製作・修理のような有形なもののほか、シナリオの作成、音楽の演奏、舞台への出演、講演、機械の保守、建物の清掃のような無形のものも含まれる。

　また、「請負」とは仕事の完成と報酬の支払とが対価関係にあることが必要であり、仕事の完成の有無にかかわらず報酬が支払われるものは請負契約にはならないものが多く、また、報酬が全く支払われないようなものは請負には該当しない（おおむね委任に該当する）。

　債権法の現代化を目指した「民法の一部を改正する法律」（平成2年法律第44号）においては、準委任における報酬の支払いについて、①委任事務の履行に対して報酬が支払われる「履行割合型」（民法648）と、②委任事務の履行の結果として達成された成果に対して報酬が支払われる「成果完成型」（民法648の2）が規定された。新設された「成果完成型」は、委任者は仕事の完成義務は負わないが、労

務を提供しただけでなく結果として成果が生じてはじめて報酬を請求
できる点で請負に似ているが、印紙税法基本通達においては、民法
648条の2に規定する委任事務の履行により得られる成果に対して報
酬を支払うことを約する契約は「請負」には該当しないことが留意的
に明らかにされている（印基通・第２号文書１項なお書）。

　ただし、このような請負契約に近い類型が委任契約の中に新設され
たことから、請負に該当するか否かの判定に関して、「これまで以上に，
「①その『仕事の完成』が契約当事者間においてあらかじめ義務とし
て確認されたものなのか否か、②『成果』は委任事務終了時点での成
果と認められるものなのか否か」といった観点（例えば、前述の「検
収」といった請負契約の場合にのみ登場する用語・概念）をより重視
して，請負か準委任かの判定を行うことになっていくこととな（り）」、
「これに加えて，準委任契約の場合には，請負契約と異なり，受託者
には成果を得るまでの瑕疵担保責任は存在しませんから、「③受任者
側（請負者側）における瑕疵担保責任条項の有無」などを重視した課
否判定が従来以上に重要な判定要素となってくるものと考えられ
（る）*21」といった指摘がなされている。

* 21　佐藤明弘「＜税務相談＞印紙税《民法改正後における請負と委任の判定》」
　　税務通信3607号38頁

〔参考〕法制審議会・民法（債権関係）部会資料46・「民法（債権関係）の改正
　　に関する論点の検討（18）」69頁（下線は筆者）

〔報酬の支払方式：補足説明２項〕
　成果完成型と履行割合型という分類を設けることに対しては，成果を細分化
してそれに対する報酬を定めれば履行割合型に近づくなど，両者の区別は相対
的であるとの指摘がある。いずれの類型に属するかが截然と区別できない方式
もあるとは思われるが，委任の報酬の支払方式として役務の提供そのものに報
酬が支払われる類型と成果に対して支払われる類型があることは現在でも認め
られているし，例えば委任事務の処理が中途で終了した場合の報酬請求権の帰
すうなどを検討するに当たって，これらの類型に分けて検討することは法律関
係を明確にする点で有意義であると考えられる。
　また，委任契約について成果完成型の報酬支払方式を認めることは，請負契
約との区別を困難にするのではないかとの指摘もある。確かに，請負契約にお

いても，成果完成型の委任契約においても，報酬は役務の提供そのものに対してではなく，役務の提供の結果もたらされた成果に対して支払われる点で共通する。しかし，請負契約においては請負人は仕事を完成する義務を負っているのに対し，成果完成型の委任契約においてはあくまでその成果を実現するために善管注意義務をもって委任事務を遂行しなければならないにとどまり，その成果を実現する義務を負っていない点で，異なっている。例えば，建物建築請負においては，請負人はその建物を完成する義務を負っており，建物を完成させることができなかった場合には債務不履行による損害賠償義務を負担する可能性があるが，弁護士への訴訟委任において成功報酬の定めがあったとしても，受任者たる弁護士は成功するように善管注意義務を果たせば債務を履行したことになり，結果として成功しなかったとしても，債務不履行責任を負うわけではない。

3 第7号文書（継続的取引の基本となる契約書）～税額：1通につき4,000円

「継続的取引の基本となる契約書」とは、特定の相手方との間において継続的に生ずる取引の基本となる契約書のうち、次の①から⑤に掲げるものをいう。ただし、その契約書に記載された契約期間が3か月以内であり、かつ、更新に関する定めのないものは、除かれる。

① 特約店契約書のように、営業者の間において、売買、売買の委託、運送、運送取扱い又は請負に関する複数取引を継続して行うため作成される契約書で、取引に共通して適用される取引条件のうち目的物の種類、取扱数量、単価、対価の支払方法、債務不履行の場合の損害賠償の方法又は再販売価格を定めるもの（電気又はガスの供給に関するものを除く）

(注) 上記の「営業」とは、一般に、利益を得る目的で、同種の行為を継続的、反復的に行うことをいう。個人である商人の行為や、営利法人の行為は営業となるが、いわゆる公益法人は、営利を目的とするものには該当しないので、その行為は営業には該当しない。

したがって、当事者間の一方が、公益法人等に該当する場合には、この類型に該当しないので、7号文書にはならないが、契約の内容によ

り、1号文書（運送）や2号文書（請負）に該当する場合があるので留意する必要がある。

② 代理店契約書や業務委託契約書のように、売買に関する業務、金融機関の業務、保険募集の業務又は株式の発行若しくは名義書換えの事務を継続して委託するため作成される契約書で、委託される業務又は事務の範囲又は対価の支払方法を定めるもの（印令26二）

（注）上記①と異なり、営業者間の取引に限定されない。

③ 銀行取引約定書のように、金融機関から信用の供与を受ける者と当該金融機関との間において、債務の履行について包括的に履行方法その他の基本的事項を定める契約書（印令26三）

④ 信用取引口座設定約諾書のように、金融商品取引業者又は商品取引員とこれらの顧客との間において、有価証券又は商品の売買に関する二以上の取引を継続して委託するため作成される契約書で、その取引に共通して適用される取引条件のうち受渡しその他の決済方法、対価の支払方法又は債務不履行の場合の損害賠償の方法を定めるもの（印令26四）

⑤ 保険特約書のように、損害保険会社と保険契約者との間において、二以上の保険契約を継続して行うため作成される契約書で、これらの保険契約に共通して適用される保険要件のうち保険の目的の種類、保険金額又は保険料率を定めるもの（印令26五）

第5章 金銭の貸借と債権・債務の譲渡等

Ⅰ　はじめに

　同族会社において、経営上、資金繰りが苦しい等の理由から、関係会社間や会社と役員間において金銭を融通する場合が考えられる。資金繰りが苦しい会社が社長個人から借り入れる場合や、親会社からの資金援助を受ける場合などは典型的な例であろう。

　本章では、まず、金銭の贈与があった場合の課税関係について取り上げる。次に、関係会社間及び会社・役員間の金銭の貸付けがあった場合の課税上の取扱いについて検討する。その際、役員が会社に貸し付けた債権が、その役員の死亡によって相続財産に含まれた場合の課税上の取扱いについても検討する。また、関係会社間、及び会社・役員間において債務免除を行った場合の課税上の取扱いについて検討する。さらに関係会社間における譲渡・貸付けがあった場合の取扱いについて検討し、最後に、経営者が債務保証をした場合の課税上の取扱いについても検討する。

Ⅱ　関係者間の金銭の贈与に係る課税上の取扱い

　会社の資金繰りが苦しい場合には役員や関係会社が支援したり、役員に対して金銭を贈与する場合も考えられる。そこで、会社・役員間において金銭を贈与した場合の課税上の取扱いについて整理する。

●1　会社が役員に対して金銭の贈与をした場合

　会社が役員に対して金銭の贈与をした場合には、その役員に対して給与を支給した場合と同様に考えらえる。

❶ 法人税における取扱い

　会社側では、役員に対する給与として法人税の課税所得の計算上、損金の額に算入する（法法 34 ①、法令 69、70、法基通 9 - 2 - 9）。また、その金銭が毎月一定の金額となる場合には、定期同額給与に該当する（法法 34 ①一）。

　なお、その金額が過大役員給与に該当するときは、その不相当に高額な部分について損金不算入となる（法法 34 ②、法令 70）。

❷ 所得税における取扱い

　金銭を受け取った役員は給与として所得税法上、給与所得として取り扱う（所法 28）。

●2 ｜ 役員が会社に対して金銭を贈与した場合

　役員が会社に対して金銭の贈与をした場合には、次のように取り扱う。

❶ 法人税における取扱い

　金銭を受け取った会社側では、その金銭の額だけ受贈益を計上し、法人税の課税所得の計算上、益金の額に算入する（法法 22 ②）。

❷ 所得税における取扱い

　会社に金銭を贈与した役員側は、所得税における取扱いはない。

　ただし、同族会社に対して役員が金銭を贈与した場合において、その同族会社の株式の価値が上昇した場合には、その同族会社の株主に対して、みなし贈与として贈与税の課税が行われる場合がある（相基通 9 - 2(1)）。

●3 ｜ 関係会社間において金銭を贈与した場合

　会社間で金銭を贈与した場合においては、その金銭を贈与した会社側では法人税の所得の計算上、寄附金として損金算入限度額まで損金の額に算入する。他方、贈与を受けた会社側では法人税の所得の計算上、受贈益として益金の額に算入する。

Ⅲ　関係者間の金銭の貸付けに係る課税上の取扱い

　会社・役員間における債権・債務の貸借については、①親子会社間において金銭の貸借をした場合、②会社が役員に対して金銭を貸し付けた場合、③役員が会社に対して金銭を貸し付けた場合が考えられる。

● 1 ｜ 会社が役員に貸し付けた場合

　会社・役員間において金銭の貸借が行われたことに伴い、利息の受払いが生じた場合は、金銭を貸し付けた側は受取利息が計上され、借り入れた側は支払利息が計上される。

　原則として、金銭を貸し付けたいずれの場合も、収受すべき利息の額が適正であるならば、通常の利息の受取りと支払いの場合と同様の課税関係となる。

■ 法人税における取扱い

(1) 通常の利率で貸した場合

　会社が役員に対して金銭を貸し付けた場合に、会社側における法人税の課税は、会社側で貸付金が計上されるとともに、通常取得すべき利率によっている場合には、利払日において受取利息として益金の額として計上することになる（法法22）。

(2) 無償又は低利で貸した場合

　他方、会社が役員に対して、無償又は通常取得すべき利率よりも低い利率で貸し付けた場合には、会社が実際に受け取った利息の額とその通常取得すべき利率により計算した利息の額との差額に相当する額は、その額を受取利息として計上するとともに、経済的な利益（実質的にその役員等に対して給与を支給したと同様の経済的効果をもたらすもの）として法人税において給与として取り扱う（法法34④、法基通9－2－9(7)）。

　　（借方）役員給与　　　　　　×××　　（貸方）受取利息　　　　　　　×××

　この場合に、その給与として取扱った利息相当額は、継続的に供与される経済的な利益の利益のうち、その供与される利益の額が毎月お

おむね一定であるものであるから、その利息の額が毎月著しく変動する場合を除き、定期同額給与に該当する（法法69①二、法基通9－2－11）。

　なお、その利息相当額が過大役員給与に該当するか否かの判断をする場合には、その経済的利益の額を含めて支給した給与の額を判定することになる（法法34②、法令70一）。

　また、役員に対する経済的利益の額（使用人兼務役員に対する使用人部分を除く）が不相当に高額である場合や法人が事実を隠ぺいし又は仮装して経理することにより、その役員に対して供与した経済的な利益の額は損金の額に算入されないこととなる（国税庁HP・タックスアンサー法人税5202）。

　ただし、上記のように所得税法上で経済的な利益として課税されないものであり、かつ、その法人がその役員に対する給与として経理しない場合には、法人税においても給与として取り扱わないこととなる（法基通9－2－10）。

(3) 使用人兼務役員に対する経済的な利益

　過大役員給与に該当するか否かについて、使用人兼務役員の場合には、会社が使用人兼務役員に対して供与した経済的な利益（住宅等の貸与をした場合の経済的な利益を除く）が他の使用人に対して供与されている程度のものである場合には、その経済的な利益は使用人としての職務に係るものとして判断することになる（法基通9－2－24）。

(4) 金銭貸借に伴い利息が生じた場合

　会社・役員間において金銭の貸借を行った場合、その金銭の貸借に伴って利息の受払いが生じた場合は、金銭を貸し付けた側は受取利息が計上され、借り入れた側は支払利息が計上される。

　その結果、法人税における課税所得の計算上、金銭を貸し付けた側が会社である場合には、受取利息が各事業年度の益金の額に算入される。他方、金銭を借り入れた側が会社である場合には、支払利息が各事業年度の損金の額に算入される（法法22）。

　なお、役員に対して無利息で貸し付けた場合には、適正な利息相当

額が経済的な利益に該当することから、法人税法上、その利息相当額を役員給与として取り扱う。したがって、適正な利息相当額を役員給与として計上し、各事業年度の損金の額に算入する（法法34④）。

2 所得税の取扱い

(1) 通常の利率で貸した場合

会社が役員に対して金銭を貸し付けた場合に、金銭を借りた役員は会社に対して借入金を認識するとともに、利払日において利息を支払うことになるが、その支払利息が適正な利息相当額である場合には、役員側では所得税の課税関係に影響しない。

(2) 無償又は低利で貸した場合

他方、会社が役員に対して、無償又は通常取得すべき利率よりも低い利率で貸し付けた場合には、会社が実際に受け取った利息の額とその通常取得すべき利率により計算した利息の額との差額に相当する額は、その額を受取利息として計上するとともに、経済的な利益として法人税において給与として取扱う（法法34④、法基通9－2－9(7)）。

したがって、無償又は低利で借りた役員側では、所得税法上は給与所得として課税されることになる。

3 利息相当額の評価

会社・役員間における支払われた利息が適正であれば上記のとおり法人税や所得税における取扱いとなる。しかし、その利息が過少又は過大であったり、無利息であった場合には、その利息の適正額が問題となる。

この点について、所得税基本通達36－49で、「使用者が役員又は使用人に貸し付けた金銭の利息相当額については、当該金銭が使用者において他から借り入れて貸し付けたものであることが明らかな場合には、その借入金の利率により、その他の場合には、貸付けを行った日の属する年の租税特別措置法93条2項《利子税の割合の特例》に規定する利子税特例基準割合による利率により評価する」と規定している。

上記の「利子税特例基準割合」について租税特別措置法93条2項で、「平均貸付割合（各年の前々年の9月から前年の8月までの各月にお

ける短期貸付けの平均利率（当該各月において銀行が新たに行った貸付け（貸付期間が1年未満のものに限る）に係る利率の平均をいう）の合計を12で除して計算した割合として各年の前年の11月30日までに財務大臣が告示する割合をいう）に年0.5パーセントの割合を加算した割合をいう」と規定している。

　この「利子税特例基準割合」は、令和2（2020）年度税制改正によって、改正前は「特例基準割合」とされていたものが、改正により「利子税特例基準割合」となったものであり、令和3（2021）年1月1日から施行されている（令和2年改正法附則1②ハ）。令和4年及び令和5年中に貸し付けた場合の利率は0.9％である。

〔参考〕

　平成22年から令和3年までに貸し付けた場合における特例基準割合は以下のとおりである。

貸付期間	利率
平成22年〜平成25年	4.3%
平成26年	1.9%
平成27年〜平成28年	1.8%
平成29年	1.7%
平成30年〜令和2年	1.6%
令和3年	1.0%

4 課税されない場合

　会社が役員に対して金銭を無利息又は利息相当額に満たない利息で貸し付けたことにより、その貸付けを受けた役員又は使用人が受ける経済的利益のうち、次に掲げるものについては、課税されない（所基通36－28、36－49）。

　①　災害、疾病等により臨時的に多額な生活資金を要することとなった役員又は使用人に対し、その資金に充てるために貸し付けた金額につき、その返済に要する期間として合理的と認められる期間内に受ける経済的利益

　②　役員又は使用人に貸し付けた金額につき、使用者における借入

金の平均調達金利（例えば、当該使用者が貸付けを行った日の前年中又は前事業年度中における借入金の平均残高に占める当該前年中又は前事業年度中に支払うべき利息の額の割合など合理的に計算された利率をいう）など合理的と認められる貸付利率を定め、これにより利息を徴している場合に生じる経済的利益

③　①及び②の貸付金以外の貸付金につき受ける経済的利益で、その年（使用者が事業年度を有する法人である場合には、その法人の事業年度）における利益の合計額が5,000円（使用者が事業年度を有する法人である場合において、その事業年度が1年に満たないときは、5,000円にその事業年度の月数（1月未満の端数は1月に切り上げた月数）を乗じて12で除して計算した金額）以下のもの

●2 役員が会社に貸し付けた場合

会社の資金繰りが苦しい場合など、役員が会社に対して金銭を貸し付ける場合が考えられる。その場合には、役員側では貸付金、会社側では借入金が計上されることになる。また、それに伴って役員側では受取利息が発生し、会社側では支払利息が発生する。

なお、役員が会社に貸付金を持ったまま死亡した場合には、その貸付金は相続税の課税対象となる。

1 法人税における取扱い

(1) 通常の利率で貸した場合

会社の資金繰りが苦しいときに役員が会社に対して金銭を貸し付けるケースはよくある。このようなケースの場合、通常取得すべき利率で貸し付けた場合には、会社は支払利息を計上し、損金の額に算入することになる（法法22）。

(2) 無償又は低利で貸した場合

他方、役員から会社が無償で金銭を借り入れた場合に、会社が役員に対して金銭を貸し付けた場合の利息相当額の計上は必要ない。なぜなら、無償であれば利息相当額の支払利息の計上と同時に、その利息相当額の免除を受けていることになるため、同額の債務免除益が計上

されることになるからである。

　（借方）支払利息　　　　　　　×××　（貸方）債務免除益　　　　×××

　上記の仕訳のように、借方・貸方に同額が計上されるため、課税所得に影響しないことになる。

　同様に、通常取得すべき利率よりも低い利率で金銭を借り入れた場合にあっても、通常取得すべき利率と実際に支払った利息との差額を同様に認識することになるため課税所得に影響しない。

　したがって、役員から会社が無償又は通常取得すべき利率よりも低い利率で金銭を借り入れた場合において、仕訳をするか否かは別にして、課税上の特別な処理は必要がないことになる。

2 所得税における取扱い

(1) 通常の利率で貸した場合

　役員が会社に対して通常取得すべき利率に基づき金銭を貸し付けた場合は、その役員は貸付金を認識するとともに、利息の受取りは受取利息として、所得税法上、雑所得となる。

　なお、役員が金融機関から借り入れた金銭を、会社に貸し付けた場合は、その金融機関からの借入れに伴う諸費用は雑所得の計算上、必要経費として控除する（所法35）。

(2) 無償又は低利で貸した場合

　他方、役員が会社に対して無償又は通常取得すべき利率よりも低い利率で貸し付けた場合でも、役員は会社から何らかの利益を得ているわけではないので、所得税の計算上、特に処理することない。

Ⅳ 役員が貸し付けた債権が相続の対象となった場合に係る課税上の取扱い

　役員が会社に対して金銭を貸し付けた場合に、その貸付金の完済前にその役員が死亡した場合には、その役員を被相続人とする相続の場面において、その貸付金が相続財産に含まれることになる。

　この場合、その貸付金の評価が相続税の計算上、問題となる。

●1 ｜ 貸付金の評価

　貸付金の評価については、財産評価基本通達204（貸付金債権の評価）において次のように規定されている。

> 204　貸付金、売掛金、未収入金、預貯金以外の預け金、仮払金、その他これらに類するもの（以下「貸付金債権等」という。）の価額は、次に掲げる元本の価額と利息の価額との合計額によって評価する。
> (1)　貸付金債権等の元本の価額は、その返済されるべき金額
> (2)　貸付金債権等に係る利息（208≪未収法定果実の評価≫に定める貸付金等の利子を除く。）の価額は、課税時期現在の既経過利息として支払を受けるべき金額

　すなわち、貸付金の評価については、次の算式で計算することになる。

貸付金の評価額＝元本の価額＋利息の価額

　それぞれを簡略化すると、「元本の価額＝返済されるべき金額」、「利息の価額＝課税時期現在における既経過利息」となる。

●2 ｜ 貸付金債権の元本価額の範囲

　次に、貸付金債権の元本の価額がいくらなのかが問題となる。この点について財産評価基本通達205（貸付金債権等の元本価額の範囲）では、元本価額について、次のように規定している。

> 205　前項の定めにより貸付金債権等の評価を行う場合において、その債権金額の全部又は一部が、課税時期において次に掲げる金額に該当するときその他その回収が不可能又は著しく困難であると見込まれるときにおいては、それらの金額は元本の価額に算入しない。
> (1)　債務者について次に掲げる事実が発生している場合におけるその債務者に対して有する貸付金債権等の金額（その金額のうち、質権及び抵当権によって担保されている部分の金額を除く。）
> 　イ　手形交換所（これに準ずる機関を含む。）において取引停止処分を受けたとき

　　ロ　会社更生法（平成14年法律第154号）の規定による更生手続開始の決定があったとき

　　ハ　民事再生法（平成11年法律第225号）の規定による再生手続開始の決定があったとき

　　ニ　会社法の規定による特別清算開始の命令があったとき

　　ホ　破産法（平成16年法律第75号）の規定による破産手続開始の決定があったとき

　　ヘ　業況不振のため又はその営む事業について重大な損失を受けたため、その事業を廃止し又は6か月以上休業しているとき

(2)　更生計画認可の決定、再生計画認可の決定、特別清算に係る協定の認可の決定又は法律の定める整理手続によらないいわゆる債権者集会の協議により、債権の切捨て、棚上げ、年賦償還等の決定があった場合において、これらの決定のあった日現在におけるその債務者に対して有する債権のうち、その決定により切り捨てられる部分の債権の金額及び次に掲げる金額

　　イ　弁済までの据置期間が決定後5年を超える場合におけるその債権の金額

　　ロ　年賦償還等の決定により割賦弁済されることとなった債権の金額のうち、課税時期後5年を経過した日後に弁済されることとなる部分の金額

(3)　当事者間の契約により債権の切捨て、棚上げ、年賦償還等が行われた場合において、それが金融機関のあっせんに基づくものであるなど真正に成立したものと認めるものであるときにおけるその債権の金額のうち(2)に掲げる金額に準ずる金額

　すなわち、上記のそれぞれの場合が生じている場合には、貸付金債権の元本の価額については、そのままの金額になるわけではなく、それぞれの定めにある金額を控除した金額を「元本の価額」として、貸付金の評価額を計算することになる。

3　貸付金の回収が不可能又は著しく困難であると見込まれるとき

　貸付金の回収が不可能又は著しく困難であると見込まれるときは、それらの金額は貸付金の元本の価額に算入されないこととなる（評基通205）。

　ここで問題となるのが、「回収が不可能又は著しく困難であると見込まれる」という状況判断だが、この具体的な状況について財産評価

基本通達では特に明らかにしていない。

　そこで、「その他その回収が不可能又は著しく困難であると見込まれるとき」に該当しないとされた事例を参考までに掲げる。

■ 参考事例

(1) 平成 31 年 1 月 11 日裁決（TAINS F0-3-671）

＜審判所の判断＞

(1)　法令解釈

イ　相続税法第 22 条は、相続財産の価額は、特別の定めがある場合を除き、当該財産の取得の時における時価によるべき旨を規定しており、ここにいう時価とは相続開始時における当該財産の客観的な交換価値をいうものと解される。

　しかし、相続財産は多種多様であるから、その客観的な交換価値は必ずしも一義的に確定されるものではなく、これを個別に評価することとしたときには、その評価方法等により異なる評価額が生じて納税者間の公平を害する結果となったり、課税庁の事務負担が過重となって大量に発生する課税事務の適正迅速な処理が困難となったりするおそれがある。

　そこで、課税実務上は、相続財産評価の一般的基準が評価通達によって定められ、原則としてこれに定める画一的な評価方法によって相続財産を評価することとされている。このように、評価通達の定める評価方法によって相続財産を評価することは、税負担の公平、効率的な税務行政の運営という観点からみて合理的であると考えられるから、相続財産の評価に当たっては、評価通達の定める評価方法によって評価することが著しく不適当と認められる特段の事情がない限り、評価通達に定める評価方法によって評価することが相当である。

ロ　評価通達 204 は、貸付金債権の価額は、元本の価額と利息の価額との合計額によって評価する旨定めている。

　そして、評価通達 205 は、同通達 204 の定めにより貸付金債権等の評価を行う場合において、その債権金額の全部又は一部が、課税時期において「次に掲げる金額に該当するときその他その回収が不可能又は著しく困難であると見込まれるとき」においては、それらの金額は元本の

価額に算入しないとした上で、「次に掲げる金額」として、債務者について再生手続開始の決定や特別清算の開始命令があった場合等におけるその債務者に対して有する貸付金債権等の金額や、再生計画認可の決定等により切り捨てられる部分の債権の金額等を掲げている〔評価通達205の⑴ないし⑶〕。

　このように、評価通達205の⑴ないし⑶が、例外的に債権金額の全部又は一部が元本の価額に算入されない「その回収が不可能又は著しく困難であると見込まれるとき」として、再生手続開始の決定や特別清算の開始命令など債務者の経済状態等が破綻していることが客観的に明白である事由を掲げていることに鑑みれば、これと並列的に定められている「その他その回収が不可能又は著しく困難であると見込まれるとき」とは、当該事由と同視できる程度に債務者の経済状態等の悪化が著しく、その貸付金債権等の回収の見込みがないことが客観的に明白であることをいうものと解するのが相当である。

⑵　本件貸付金債権の評価について

　本件の争点は上記2のとおりであり、本件貸付金債権を評価通達の定めによって評価することについては請求人と原処分庁との間に争いはなく、当審判所の調査の結果によっても、評価通達の定める評価方法によって評価することが著しく不適当と認められる特別の事情は認められない。

　そこで、以下、本件貸付金債権について、評価通達205の定める「その他その回収が不可能又は著しく困難であると見込まれるとき」の要件該当性を判断する。

㈠　本件会社の経営状況

　本件会社は、本件相続開始日より前に始まった平成27年3月期以前の事業年度において、いずれも営業損失を計上し、営業外収益により経常利益を計上した平成27年3月期を除き、いずれも経常損失を計上している。

　しかしながら、本件会社は、本件相続開始日前において、船舶による瀬渡し業務や旅館の経営を中心に行っていたが、本件相続開始日後には、旅館の経営については縮小し、瀬渡し業務については継続しているとこ

ろ、本件会社の経費（売上原価並びに販売費及び一般管理費）は、平成
27年3月期以前の事業年度には約1,000万円ないし1,300万円であっ
たが、平成28年3月期には約630万円、平成29年3月期には約
430万円と減少し、また、本件会社の営業損益は、平成28年3月期に
はそれ以前に比べて営業損失が減少し、平成29年3月期には営業利益
を計上している。これらのことからすると、本件会社は、本件相続開始
日においても、旅館の経営の整理・縮小等により、経費を見直すことで、
事業活動を継続していくことが可能であったと考えられるから、本件相
続開始日において、その経営状況が破綻していたとは容易には認められ
ない。

㊁　本件会社の資産状況

　　本件会社は、本件相続開始日を含む平成25年3月期ないし平成29
年3月期のいずれの事業年度においても、債務超過であった。

　　しかしながら、上記1の(3)のロの㊁、別表1及び原処分関係資料によ
れば、上記期間における本件会社の借入金は、本件相続開始日前につい
ては本件被相続人からの本件貸付金債務のみであり、その後については
請求人の相続した本件貸付金債務及び請求人からの借入金であり、いず
れにおいても金融機関等からの借入金はなかったことが認められる。そ
して、上記1の(3)のイの㊁のとおり、本件被相続人と本件会社の関係は、
もともと本件被相続人が本件会社を設立して本件相続開始日までその代
表取締役を務め、その後、本件被相続人の長男である請求人が本件会社
の唯一の取締役となったというものである。すなわち、上記期間におけ
る本件会社の借入金は、当時の代表者からのもののみであった。

　　このような事情からすると、本件会社は、本件相続開始日において、
本件貸付金債務についてその債権者から強制執行などの回収手段を講じ
られることによって強制的に重要な会社財産を失う可能性は低かったと
いえるため、債務超過であったものの、その資産状況が破綻していたと
は容易には認められない。

㊁　小括

　　以上のとおり、本件会社は、本件相続開始日において、その経営状況
及び資産状況のいずれの観点からみても破綻していたとは容易には認め

られないことからすれば、評価通達 205 の(1)ないし(3)に掲げる事由と同視できる程度に本件会社の経営状態の悪化が著しく、本件貸付金債権の回収の見込みがないことが客観的に明白であるとは認められない。したがって、本件貸付金債権は、本件相続開始日において、評価通達 205 に定める「その他その回収が不可能又は著しく困難であると見込まれるとき」に該当するものではない。

(2) 平成 30 年 10 月 25 日裁決（TAINS F0-3-663）

＜審判所の判断＞

評価通達 205 の定める「その他その回収が不可能又は著しく困難であると見込まれるとき」の要件該当性について判断する。

(イ)　A の経営状況

A は、機械のあっせん・販売や修理、不動産の賃貸及び不動産管理等を行っており、平成 20 年 9 月期ないし平成 24 年 9 月期及び平成 28 年 9 月期は、営業損失及び経常損失を出しながらも現在に至るまで事業を継続し、平成 25 年 9 月期及び平成 26 年 9 月期は、営業損失を出していたものの経常利益を計上し、平成 27 年 9 月期は営業利益及び経常利益を計上していた。このように、A は、本件相続開始日の前後を通じ、事業を継続し、その間利益を出すこともあったことからすると、本件相続開始日において、その経営状況が破綻していたとはいえない。

(ロ)　A の資産状況

A は、本件相続開始日を含む平成 20 年 9 月期ないし平成 28 年 9 月期のいずれの事業年度においても、債務超過であった。

しかしながら、上記 1 の(3)のロの(ロ)及び別表 1 のとおり、上記期間における■■の借入金は、本件貸付金債務及び請求人■■からの借入金のみであり、金融機関等からの借入れはなかった。そして、被相続人と■■との関係は、もともと被相続人の夫であった■■■が■■を設立し、同人が亡くなった後は、被相続人の長男である請求人■■が代表取締役となり、本件相続開始時点においては、請求人■■の妻が代表取締役であった。すなわち、当該期間における■■の借入金は、同族会社に対する親族からの貸付けのみであった。

しかも、上記 1 の(3)のロの(二)及び別表 2 のとおり、■■の借入金の全

部又は大部分を占める本件貸付金債務は、平成20年9月期以降本件相続開始日まで一切返済されておらず、本件相続開始日後に■■の請求人に対する800,000円の債権と相殺されたにすぎない。

　このような事情からすると、■■は、本件相続開始日において、本件貸付金債務についてその債権者から強制執行などの回収手段を講じられることによって強制的に重要な会社財産を失う可能性は低かったといえるため、債務超過ではあったものの、その資産状況が破綻していたとはいえない。

(ハ)　小括

　以上のとおり、■■は、本件相続開始日において、その経営状況及び資産状況のいずれの観点からみても破綻していたとはいえないことからすれば、評価通達205の(1)ないし(3)に掲げる事由と同視できる程度に■■の経営状態の悪化が著しく、本件貸付金債権の回収の見込みがないことが客観的に明白であるとは認められない。したがって、本件貸付金債権は、本件相続開始日において、評価通達205に定める「その他その回収が不可能又は著しく困難であると見込まれるとき」に該当するとは認められない。

●4　みなし贈与の取扱い

　相続税法では、対価を支払わない又は著しく低い価額の対価で利益を受けた場合は、当該利益を受けた時に、当該利益を受けた者が、当該利益を受けた時におけるその利益の価額に相当する金額（対価の支払いがあった場合には、その価額を控除した金額）について利益を受けさせた者から贈与により取得したものとみなす、と規定している（相法9）。

　このみなし贈与の規定が適用されると、会社の個人株主に対して贈与税が課税されることになる。

　みなし贈与の規定が適用される場面としては、相続税法基本通達では、同族会社の株式又は出資の価額が、例えば、対価を受けず会社の債務の免除を行った場合や、債務の引受け又は弁済があった場合に該当して増加した場合は、その株主又は社員が株式又は出資の価額のう

ち増加した部分に相当する金額を、当該債務の免除、引受け又は弁済
をした者から贈与によって取得したものとして取り扱うものとする。
この場合における贈与による財産の取得の時期は、債務の免除があっ
た時によると規定している（相基通9－2⑶）。

　すなわち、会社が役員から債務免除を受けた場合において、その債
務免除を受けたことによって、会社の株式の価値が上昇する場合には、
債務免除を行った役員等から、その役員を除く他の個人の株主に対し
て、その持分割合に応じた株式の価値の上昇分だけ、みなし贈与課税
が発生する可能性があるということである。

Ⅴ　会社が役員から債務免除を受けた場合に係る課税上の取扱い

　会社の資金繰りが苦しいときに採用される方法として、役員が会社
に対して金銭を貸し付けることがあるが、その貸し付けた金銭が会社
から返済されないことがあり得る。その場合、役員は会社に対して債
務免除を行うことになるが、その場合にも課税上、問題となる。

1　原則的な取扱い

　業績悪化に伴う会社の支援策等の一つとして、役員が会社に対して
貸付金に関する債務免除を行う場合や、関係会社間で売掛金や貸付金
等に関する債務免除を行う場合が考えられる。

　一般に債務の免除を受ける行為は、金銭の授受は生じないことから、
無償による受贈益ということになる。この場合であっても法人税法に
おいては、資産の無償譲受けに係るものは当該事業年度の収益の額と
する、と規定している（法法22②）。

　したがって、役員から債務免除された借入金の額だけ債務免除益と
して法人税の課税所得の計算上、益金の額として計上することになる。

　（借）借入金　　　　　　　×××　（貸）債務免除益　　　　　×××

　他方、債務免除をした役員の側については、特に所得税の課税関係
は発生しない。

● 2 ┃ 課税上の特例措置等

　役員が本来受け取るべき給与や配当金について、業績不振等を理由として支払われない場合が考えられる。こうした未払給与と未払配当金では、法人税における取扱いが異なる。また、役員の側で給与の受取りを辞退する場合も考えられる。

1 役員が給与の支払いを免除した場合

　会社が役員に対して支払う給与が何らかの理由により支払われなくなった場合であっても、未払給与に係る債務免除であるから、本来であれば原則どおり、債務免除益として益金の額に算入されるはずである。

　しかし、会社が、役員に対する未払いの給与（法法34①（役員給与の損金不算入）の規定により損金の額に算入されない給与に限る）があった場合に、原則どおりの課税を行うと不合理である場合があることから、以下の事由によるときは、その支払わないこととなった金額（その給与について徴収される所得税額があるときは、当該税額を控除した金額）については、その支払わないことが確定した日の属する事業年度の益金の額に算入しないことができる、と規定している（法基通4－2－3）。

① 　取締役会等の決議に基づきその全部又は大部分の金額を支払わないこととした場合であること

② 　その支払わないことが、いわゆる会社の整理、事業の再建及び業況不振のためのものであること

③ 　その支払われないこととなる金額が、その支払いを受ける金額に応じて計算されている等一定の基準によって決定されたものであること

　すなわち、上記①〜③に該当する場合には、会社の会計処理上、債務免除益を収益に計上しているが、法人税における課税所得の計算上、その債務免除益を減算処理することができるため、その債務免除益は課税所得に影響を与えない。

❷ 役員が配当金の支払いを免除した場合

　会社の資金繰りの悪化や経営再建等の理由から、既に確定している役員に対する配当金の支払いを会社が免除される場合がある。この場合においては、上記❶の給与の場合と異なり、その役員に対する配当金の支払いの免除による債務免除益については、法人税の課税所得の計算上、益金の額に算入する（法基通４－２－３（注））。

（借方）未払配当金　　　　　×××　（貸方）債務免除益　　　　×××

❸ 役員が給与等の受取りを辞退した場合

　通常の場合、役員に対する給与や賞与については、給与等の支払いが確定した時に、給与所得として認識することになる。そのため、給与等の支払を受けるべき者がその給与等の全部又は一部の受領を辞退した場合には、その支給期の到来前に辞退の意思を明示して辞退したものについては、課税されない（所基通28－10）。

　他方、支給期の到来後に辞退した場合には、役員が給与等の受取りを辞退しても給与所得自体には影響せず、会社が役員に対する支払義務の免除を受けたことになるため、ここで会社側に債務免除益が計上されることになる。また、役員からこの債務免除を受けた時に、会社は給与等の支払いがあったものとして源泉徴収を行うことになる（所基通81～223共－2）。

　ただし、役員が、次に掲げるような特殊な事情にあって、一般債権者の損失を軽減するため、その立場上やむなく自己が役員となっている会社から受けるべき賞与等その他の源泉徴収の対象となるもので未払いのものについて受領を辞退した場合には、その辞退により支払わないこととなった部分については源泉徴収をしなくてよいとされている（所基通81～223共－3）。

① 法人が特別清算開始の命令を受けたこと
② 法人が破産手続開始の決定を受けたこと
③ 法人が再生手続開始の決定を受けたこと
④ 法人が更生手続の開始決定を受けたこと
⑤ 法人が事業不振のため会社整理の状態に陥り、債権者集会等の協議決定により債務の切捨てを行ったこと

Ⅵ 関係会社間において金銭の譲渡・貸借があった場合に係る課税上の取扱い

　子会社の業績が思わしくないために資金繰りが苦しくなった場合や、会社を整理する等の理由から、親子会社間や関係会社間において金銭の譲渡や貸借を行う場合が考えられる。

　法人間で行われる金銭その他の資産の贈与以外の取引である経済的な利益の無償の供与は寄附金に該当し、また、低額で行われる資産の譲渡や経済的な利益の供与については時価とその対価との差額のうち実質的に贈与又は経済的な利益の供与と認められるものが寄附金に該当することになる（法法37⑦⑧）。

　寄附金に該当した場合には、寄附金の損金算入限度額を超える寄附金の額は、損金の額に算入しない（法法37①、法令73①、法規22の4）。

　ただし、その贈与等が、広告宣伝や福利厚生等の目的による場合には、寄附金には該当せず、広告宣伝費、福利厚生費等として法人税の所得の計算上、損金の額に算入する（法法37⑦かっこ書）。

　他方、贈与等を受けた法人側については、その受けた寄附金の額に相当する受贈益を法人税の所得の計算上、益金の額に算入する（法法22②）。

●1 親会社が子会社の債務の引受け等をした場合

　法人がその子会社等の解散、経営権の譲渡等に伴い当該子会社等のために債務の引受けその他の損失負担又は債権放棄等（以下「損失負担等」という）をした場合において、その損失負担等をしなければ今後より大きな損失を蒙ることになることが社会通念上明らかである場合で、やむを得ずその損失負担等をするに至った等について相当な理由があると認められるときは、その損失負担等により供与する経済的利益の額は、寄附金の額に該当しない（法基通9－4－1）。

　なお、ここでいう子会社等には、当該法人と資本関係を有する者のほか、取引関係、人的関係、資金関係等において事業関連性を有する

者が含まれる（法基通9－4－1（注））。

● 2 ｜ 子会社等を再建する場合に無利息貸付け等をした場合

　会社がその子会社等に対して金銭の無償もしくは通常の利率よりも低い利率での貸付け又は債権放棄等（以下「無利息貸付け等」という）をした場合において、その無利息貸付け等が、例えば業績不振の子会社等の倒産を防止するためにやむを得ず行われるもので、合理的な再建計画に基づくものである等その無利息貸付け等をしたことについて相当な理由があると認められるときは、その無利息貸付け等により供与する経済的利益の額は、寄附金の額に該当しない（法基通9－4－2）。

　なお、合理的な再建計画かどうかについては、支援額の合理性、支援者による再建管理の有無、支援者の範囲の相当性及び支援割合の合理性等について、個々の事例に応じ、総合的に判断するのであるが、例えば、利害の対立する複数の支援者の合意により策定されたものと認められる再建計画は、原則として、合理的なものとして取り扱う（法基通9－4－2（注））。

● 3 ｜ 参考事例

　子会社の整理又は債権する場合の債権放棄に関して参考までに審判所の裁決を掲げる。

● 子会社に対する債権放棄（平19.6.27裁決・TAINS F0－2－742）

　子会社等を整理又は再建する場合の債権放棄等についての寄附金の該当性の判定に当たっては、その債権放棄等に経済合理性を有する相当な理由があるか否かによって判断するのが相当であると認められる。

　そして、経済合理性を有する相当の理由があるか否かについては、①債権放棄等を受ける者が子会社等に該当するか、②子会社等が経営の危機に陥っているか、③支援者にとって債権放棄等を行うことに相当な理由があるか、④債権放棄等の額は過剰支援でなく合理的であるか、⑤整理計画・再建計画の実施状況が的確に管理されているか、⑥支援者の範囲は相当で

あるか、⑦各支援者の支援額の範囲は相当であるか、というような点を総合的に検討して判断するのが相当であると解される。

　特に、子会社等を再建する場合の債権放棄等について相当な理由があると認められるか否かについては、その債権放棄等が、合理的な再建計画等に基づき行われ、かつ、その再建計画等の実施状況も的確に管理されることを前提とした必要最低限の不可欠な支援であることが必要であるとするのが相当であると解される。

　そして、例えば、債権放棄等を行う必要性や、合理的な再建計画等の作成といったその債権放棄等を行うに際しての相当性に関する主要な検討を欠いた実施の場合には、子会社等に対する債権放棄等が寄附金に該当しないものとして取り扱うことはできず、法人税法第37条第7項に規定する寄附金の額に該当することになる。

ハ　本件一連の行為について

　請求人は、前記1の(4)のイの（リ）から（カ）及び（タ）のとおり、■■■提案書を参考として、平成14年8月6日に■■■社の本件増資払込金を■■■■に払い込み、■■■社は請求人に借入金の返済として本件株式増資払込金と同額の金額を同月7日に請求人の普通預金口座に振り込み、■■■社は■■■■に減資決議を行い、請求人は同日に■■■社の株式■■■を■■■社に無償で譲渡し、■■■社は無償で譲渡を受けた株式をその直後に消却（以下、本件増資払込金を■■■■に払い込んでから■■■社が自己株式を消却するまでの行為を併せて「本件一連の行為」という。）したことが認められる。

　したがって、本件一連の行為は、請求人の側から見れば、■■■社の増資によりその資金を払い込んだものの、その翌日には同額の資金の返済を受け、取得した■■■社の株式をその翌日に■■■社に対して無償で譲渡することにより、実質的に返還しており、結果として単に貸付金を放棄したことでしかなく、また、■■■社の側からみれば、増資資金を受入れ翌日に借入金の返済として実質的に返還し、増資実行の翌日には同額の減資を行い、更にはその直後に無償で譲渡を受けた株式を消却しており、結果として、資本金の株式数及び金額に異動はなく、単に請求人からの借入金を免除してもらったことでしかない。

　これは、請求人が、■■■■から紹介された■■■に対し■■■社の経営権の譲渡等についての交渉を断った後に、■■■提案書を参考として請求人の■■■社に対する貸付債権の放棄のための一連の行為として採用したもので、その一連の行為は当初より予定されていた■■■社に対する貸付金を放棄する目的でされた実質的な債権放棄という一つの行為であると認めるのが相当であり、当該認定は請求人の主張とも符合するところである。

　そうすると、本件一連の行為は、商法に規定する増資及び減資の手続を経ているものの、請求人においては増資資金の払込み及び新株式の取得はいずれもその直後にその行為の取消しと同様の効果をもたらす資金の受入れ及び株式の無償譲渡（返還）が行われ、これらの行為に加えて、■■■社においても無償で譲渡を受けた株式の消却が行われており、単に資本取引の介在が形式的に行われたにすぎないと認められるから、請求人が保有する■■■社株式■■、帳簿価額■■■■は、本件一連の行為の前と後においてもその変更がなかったものと認められ、請求人は、本件一連の行為を通じて、請求人が■■■社に対して有する貸付金のうち■■■■■■（以下「本件貸付金」という。）を放棄したものと認めるのが相当である。

二　そこで、請求人は、本件貸付金の放棄が法人税基本通達９－４－１に定める子会社等を整理する場合の債権放棄等又は法人税基本通達９－４－２に定める子会社等を再建する場合の債権放棄等に該当すると主張するので、この点について審理したところ、次のとおりである。

(イ)　子会社等を整理する場合の債権放棄等（法人税基本通達９－４－１）に該当するか否か。

　請求人は、前記１の(4)のイの（レ）から（ツ）及び前記イのとおり、平成14年９月20日に請求人が所有する■■■社の全株式を■■■■及び■■■■へ譲渡しているものの、同月17日の取締役会において、当該譲渡の日後においても平成17年９月30日までの間、■■■社に対する支援として、①顧問の■■■■を出向者として配属、②運転資金として融資枠■■■■の設定及び③Ｌ／Ｃ枠■■■■■■の銀行保証の継続をする旨決議している。

　また、請求人は、前記イの（ロ）のとおり平成14年9月20日の上記譲渡の日から同年12月24日の間に■■■社に対して■■■の融資を行っていることが認められ、更に、前記1の(4)のイの（ヨ）のとおり、請求人は、顧問の■■■を■■■社の代表取締役として出向させ、その報酬を別表3の顧問料等として請求人において負担しており、引き続き支援を行っていることが認められる。

　さらに、請求人が■■■社の株式を譲渡した相手方は、請求人の代表取締役である■■■及び請求人と顧問契約を結んでいる■■■であり、前記1の(4)のイの（ソ）のとおり、■■■の所有する■■■社の株式には譲渡制限が付されている。

　以上の事実を総合すると、請求人は、請求人が保有する■■■社の株式のすべてを■■■と■■■へ譲渡した後も■■■社に対し人的関係、資金関係等において再建支援を継続していることが認められ、本件貸付金の放棄は、■■■社に対する支援のために行われたと認めるのが相当であり、請求人との今後の関係を断ち切るためのものとはいえず、法人税基本通達9－4－1に定める請求人が子会社である■■■社の経営権の譲渡等のために行われたとは認められない。

　そうすると、本件貸付金を放棄したことは、法人税基本通達9－4－1に定める法人がその子会社等の経営権の譲渡等に伴い債権放棄をした場合の取扱いは適用できない。

　したがって、この点に関する請求人の主張には理由がない。

�ロ　子会社等を再建する場合の債権放棄等（法人税基本通達9－4－2）に該当するか否か。

A　債権放棄の必要性・不可欠性について■■■社の財務状況は、前記1の(4)のイの（ハ）のとおり、当期利益については■平成12年3月期は黒字であるものの、■平成11年3月期、■平成13年3月期及び■平成14年3月期は赤字であり、欠損金の額については■平成11年3月期から■平成14年3月期のすべての期において存在し、■平成14年3月期末における欠損金の額は■■■■■■で、■■■社は債務超過の状態が継続していることが認められる。

　しかしながら、■■■社は、前記イの（イ）のとおり請求人から随時

融資を受け、随時借入金の返済をしていることが認められる。また、■■社は、請求人から本件貸付金の放棄を受けた場合、財務状況が改善し取引先や銀行等に対する信用が向上するとしても、資金繰り面から考えると、前記イの（ハ）のとおり、本件貸付金は利息の支払がないことから、請求人が本件貸付金の返済を猶予した場合とそもそも利息を支払っていない本件貸付金の債権の放棄をした場合とで何ら異なるところはなく、前記ニの（イ）のとおり、請求人が■■社に対する支援を継続している状況下において、請求人の■■■社に対する再建支援として、本件一連の行為による本件貸付金の放棄という手段が必要不可欠であったとする事情は見当たらない。

　また、請求人は、本件債権放棄及び債務超過の解消のきっかけは、請求人のメイン銀行である■■■■からの、請求人のグループ法人の中に債務超過の会社をなくすという間接的希望から発したことである旨主張するが、前記イの（ニ）の■■■■の担当者の申述によれば請求人が■■■■から■■■社の債務超過の解消を求められた事実は認められない。

　したがって、本件一連の行為による本件貸付金の放棄は、■■■社の倒産を防止するためにやむを得ず行われたもの等であるとする債権放棄の必要性・不可欠性を認めることはできない。

B　合理的な再建計画等の有無について

　本件貸付金の放棄が寄附金の額に該当しないためには、前記ロの法令解釈のとおり、本件貸付金の放棄が合理的な再建計画等に基づいて検討・実施されていることが必要とされるところ、請求人は、■■■社の再建計画は、3つの計画過程すなわち、第一段階として「平成14年度計画の部門別具体策」、第二段階として「■■■からの提案書通りの実行」、第三段階として「■■氏を中心とした本格的再建計画」を経ている旨主張し、請求人は、第一段階の「平成14年度計画の部門別具体策」について別表5の資料を、第三段階の「■■氏を中心とした本格的再建計画」について別表6の資料を当審判所に提出した。

　そこで、請求人の主張する3つの計画過程について検討したところ次のとおりである。

(A)　第一段階の「平成14年度計画の部門別具体策」について請求人が第
一段階の「平成14年度計画の部門別具体策」として当審判所に提出し
た別表5の資料は、平成13年4月18日から平成14年4月11日ま
での間に作成されたものであり、■■■社の黒字転換を図るため財務内
容等の改善策として、売上高増加、利益率向上、経費削減等について数
値目標を立てて検討された資料と認められるものの、これらの資料は、
■■■への■■■社の経営権の譲渡等が具体的に検討される以前に作成
されたものであり、■■■社を再建するため請求人が債権放棄を行うこ
とに関する記述は何も認められない。

(B)　第二段階の「■■■からの提案書通りの実行」について請求人の主張
する第二段階の「■■■からの提案書通りの実行」については、請求人
はこれに関する資料を当審判所に提出せず、また、■■■提案書が再建
計画に関する資料であるとしても、■■■提案書は、■■■が請求人に
提示した■■■社の経営権の譲受け等に関する条件等を記載したもので
あり、■■■社を再建するために、請求人が債権放棄を行うことが検討
され作成されたものとは認められない。

(C)　第三段階の「■■氏を中心とした本格的再建計画」について請求人が
第三段階の「■■氏を中心とした本格的再建計画」として当審判所に提
出した別表6の資料は、平成14年12月27日から平成15年3月31
日までの間に作成されたもので、番号1から3までは、■■■■が年末
又は年度末に当たり、■■■社の幹部職員や従業員に対して経営方針や
業務改善策等を表明し■■■社の再建への取組みを説明したものであ
り、また、番号4から20までは、収益改善のための損益計画、予算計
画等の資料であり、いずれも本件一連の行為がなされた後に作成された
ものと認められる。

(D)　以上のとおり、第一段階の「平成14年度計画の部門別具体策」及び
第二段階の「■■■からの提案書通りの実行」については、本件貸付金
の放棄に関して何ら記載がなく、その放棄について具体的に策定・検討
したとする内容を備えていないから、合理的な再建計画を記載した資料
とは認められず、また、第三段階の「■■氏を中心とした本格的再建計画」
はいずれも本件一連の行為がなされた後に作成されたものと認められる

ことから、本件貸付金の放棄が請求人の主張する3つの計画過程を経て検討・実施されたと認めることはできない。さらに、■■■社において他に具体的に再建計画を策定したとする事実も認められない。

㈲　したがって、本件一連の行為すなわち実質的な本件貸付金の放棄は、その実施に当たり、本件貸付金の放棄が必要不可欠であるとする合理的な再建計画等が存在したとは認められない。

Ｃ　請求人は、特に債権者が1人の場合、再建計画が作成されていないとの一事をもって、債権放棄に相当性がないとすることは不当であって、たとえ再建計画が作成されていなくても、債務超過に陥った企業の状況、債権者側の事情等を総合的に判断して、債権放棄に相当性があると認められる場合には、債権放棄により供与する経済的利益の額は寄附金に該当しない旨主張するが、前記Ａ及びＢのとおり、本件貸付金の放棄には、その放棄に係る必要性・不可欠性や再建計画等に基づく合理性が認められず、債権放棄を行うに際しての相当性に関する主要な検討を欠いた実施であるのであるから、請求人の主張を採用することはできない。

Ｄ　以上のとおり、請求人が行った本件一連の行為による本件貸付金を放棄したことについて法人税基本通達9-4-2に定める相当な理由があるとは認められず、この点に関する請求人の主張には理由がない。

ホ　したがって、請求人が行った本件一連の行為により本件貸付金を放棄したことは、法人税法第37条第7項に規定する「金銭その他の資産又は経済的な利益の贈与又は無償の供与」に該当し、寄附金とするのが相当である。

Ⅶ　完全支配関係がある法人間における金銭の授受等があった場合の取扱い

●1　受贈益の益金不算入

内国法人が各事業年度において、その内国法人との間に完全支配関係（法人による完全支配関係に限る）がある他の内国法人から受けた受贈益の額は、その内国法人の各事業年度の所得の計算上、益金の額に算入しない（法法25の2①）。

この場合の受贈益の額は、寄附金、拠出金、見舞金その他いずれの名義をもってされるかを問わず、内国法人が金銭その他の資産又は経済的な利益の贈与又は無償の供与（広告宣伝及び見本品の費用その他これらに類する費用並びに交際費、接待費及び福利厚生費とされるべきものを除く）を受けた場合において、その金銭の額もしくは金銭以外の資産の贈与の時における価額又はその経済的な利益のその供与の時における価額による（法法25の2②）。

ただし、資産の譲渡又は経済的な利益の供与を受けた場合は、その譲渡又は供与の対価の額がその資産のその譲渡の時において、価額又はその経済的な利益のその供与の時の価額に比べて低いときは、その対価の額とその価額との差額のうち、実質的に贈与又は無償の供与を受けたと認められる金額は、受贈益の額に含まれる（法法25の2③）。

●2 公益法人等である場合

会社が、完全支配関係がある公益法人等に対して寄附をした場合に、その受贈益の額が公益法人等において法人税が課されない収益事業以外の事業に属するものとして区分経理されているときは、寄付した会社側では、受贈益の額に対応するものに該当しないものとして取り扱われることから、損金算入限度額を除き損金の額に算入しない（法基通9−4−2の6）。

他方、公益法人等が完全支配関係がある法人に対して寄附をした場合に、その寄附金の額が公益法人等において法人税が課されない収益事業以外の事業に属する資産のうちから支出されたものであるときは、寄附を受けた会社側における受贈益の額は、寄附金の額に対応するものに該当しないことから、その全額が益金の額に算入される（法基通4−2−4）。

●3 子会社の整理・再建のための経済的利益の供与の場合

完全支配関係がある法人間において、子会社の整理・再建のための一定の経済的利益の供与（法基通9−4−1、9−4−2）があった場合には、その一定の経済的利益の供与は寄附金の額に該当しないも

のとして取り扱われる限り、法人税の所得計算上、損金の額に算入することができる（法基通4－2－5）。

なお、法人税基本通達9－4－1又は9－4－2に該当しない場合には、寄附した会社側において、寄附金の額を全額損金の額に算入しない。

●4 無利息貸付け又は役務の無償提供があった場合

完全支配関係がある法人から金銭の無利息貸付又は役務の無償提供等の経済的利益の供与を受けた場合には、支払利息又は役務提供の対価の額の全額を法人税の所得の計算上、損金の額に算入するとともに、同額の受贈益を益金の額に算入する。

ただし、その経済的利益を供与した会社側において、その経済的利益の額が寄附金の額に該当するときは、寄附金の額に対応する受贈益について、益金の額に算入しない（法基通4－2－6）。

そのため、完全支配関係がある法人間における無利息貸付けがあった場合には、貸し付けた会社側では寄附金の額を全額損金の額に算入しないことになり、また、借りた会社側では受贈益を益金の額に算入しないこととなる。

Ⅷ 会社・役員間で債務の保証をした場合に係る課税上の取扱い

●1 役員から個人保証を受けた場合の保証料等の取扱い

会社が銀行から借入れを行うことに伴って、役員が個人保証や担保の提供をする場合があるが、その個人保証を行う役員に対して会社が保証料や担保提供料を支払う場合がある。

この場合、会社が役員に対して支払った保証料等は、信用保証を行う機関や他の会社等に対して支払った場合と同様に、その額が適正な金額の範囲内であれば、法人税の課税所得の計算上、損金の額に算入される。

他方、役員が受け取った保証料等については、所得税の計算上、原

則として雑所得として取り扱われる。

● 2 役員が保証債務を履行した場合の取扱い

　会社が借入金の返済ができず、役員が会社の借入金に対して行った保証債務が履行された場合には、役員が会社に代わって会社の借入金の返済した場合の課税上の取扱いが問題となる。

1 役員側の取扱い

(1) 会社に対する求償権の発生

　会社に代わって会社の借入金を役員が返済した場合は、役員は会社に対して求償権を有することになる（民法459①）。その有する求償権を行使して会社に代わって金融機関等に支払った金額が会社から返済されれば会社と役員との間の債権債務関係が解消されることになるため、課税上の問題は生じない。

　しかし、一般的には返済してもらえないことの方が多いと思われる。この場合、返済できない期間において会社から利息を受け取ることは一般的にはないので、その無利息に対する役員への雑所得の課税は難しいと思われる。

(2) 会社が役員に支払えない場合の譲渡所得の課税の特例

　役員が会社の保証債務を履行したことに伴って発生した求償権が行使できない場合は、原則として、その行使できなくなったことによる会社に対する債権が消滅するため、役員には何ら課税関係は生じない。

　しかし、保証債務を履行するために役員が所有する資産を譲渡して支払った場合で、その履行に伴う求償権の全部又は一部を行使することができない場合には、その会社から回収できなくなった金額について、譲渡所得の収入金額から差し引いて所得の計算を行うことができる（所法64②）。

　求償権が行使できるか否かの判定については、所得税基本通達64－1において、所得税基本通達51－11から16を参照するとしている。

所得税基本通達51－11
（貸金等の全部又は一部の切捨てをした場合の貸倒れ）

貸金等について次に掲げる事実が発生した場合には、その貸金等の額のうちそれぞれ次に掲げる金額は、その事実の発生した日の属する年分の当該貸金等に係る事業の所得の金額の計算上必要経費に算入する。

(1) 更生計画認可の決定又は再生計画認可の決定があったこと。　これらの決定により切り捨てられることとなった部分の金額

(2) 特別清算に係る協定の認可の決定があったこと。　この決定により切り捨てられることとなった部分の金額

(3) 法令の規定による整理手続によらない関係者の協議決定で、次に掲げるものにより切り捨てられたこと。　その切り捨てられることとなった部分の金額

    イ　債権者集会の協議決定で合理的な基準により債務者の負債整理を定めているもの

    ロ　行政機関又は金融機関その他の第三者のあっせんによる当事者間の協議により締結された契約でその内容がイに準ずるもの

(4) 債務者の債務超過の状態が相当期間継続し、その貸金等の弁済を受けることができないと認められる場合において、その債務者に対し債務免除額を書面により通知したこと。　その通知した債務免除額

　なお、保証債務を履行するために役員が資産の譲渡をした場合で、求償権の全部又は一部が行使不能か否かの確定が、譲渡所得の計算期間と異なる場合が考えられる。この場合には、その求償権の全部又は一部を行使することができないと確定した日から2月以内に限り更正の請求をすることができる（所法152）。

2 会社側の取扱い

　役員からの求償権が行使されたにもかかわらず、役員への支払いができない場合には、会社側ではその借入金に相当する金額の債務免除益が計上され、益金の額に算入されることになる。

　ただし、欠損金額について次の特例がある。すなわち、更生手続開始の決定があった場合において、その内国法人が当該更生手続開始の決定があった時においてその内国法人に対し政令で定める債権を有する者（当該内国法人との間に連結完全支配関係がある連結法人を除く）から当該債権につき債務の免除を受けた場合（当該債権が債務の免除以外の事由により消滅した場合でその消滅した債務に係る利益の額が

生ずるときを含む）に該当するときは、その該当することとなった日の属する事業年度（以下「適用年度」という）前の各事業年度において生じた欠損金額で政令で定めるものに相当する金額のうち、その債務の免除を受けた金額（当該利益の額を含む）の合計額に達するまでの金額は、当該適用年度の所得の金額の計算上、損金の額に算入する（法法59①）。

　会社更生等の場合の欠損金額の範囲については、適用年度終了の時における前事業年度以前の事業年度から繰り越された欠損金額の合計額とする（法令116の3）。

　また、会社更生等の場合の債権の範囲については、会社更生法2条8項に規定する更生債権等、その他一定のものと規定されている（法令116の4）。

【編集・執筆者略歴】

＜編著者＞

タックス・ロー合同研究会

　タックス・ロー合同研究会は、平成 28（2016）年 9 月 30 日に発足した東京弁護士会の中小企業支援センターと東京税理士会の日本税務会計学会法律部門との共催で開催・運営される研究会である。発足以来、ほぼ 1 か月おきに開催されてきた研究会は 30 数回を数えており、研究テーマは、事業承継各論、民法改正、税法改正など多岐にわたり、出版や講演の相互提供など多くの成果を上げている。メンバーからは、両者の視点の違いにより新たな発見、知見を得ることができるとの評価がなされている。現在、多様な専門・得意分野をもつ弁護士・税理士が集まり、総勢数十名のメンバーで研究会が開催されている。

＜執筆者＞（執筆順）

土森　俊秀（つちもり　としひで）

　弁護士

　奥・片山・佐藤法律事務所パートナー

　現在、日本弁護士連合会中小企業法律支援センター事務局長、東京弁護士会中小企業法律支援センター委員。

　＜著書＞『フロー＆チェック　企業法務コンプライアンスの手引き』（編集代表／新日本法規）、『事業承継法務のすべて［第 2 版］』（共著／きんざい）、『中小企業海外展開支援法務アドバイス』（共著／経済法令研究会）、『同族会社・中小企業のための会社経営をめぐる実務一切』（編集代表／自由国民社）他多数

　〔執筆担当〕第 1 部第 1 章

角田　智美（かくた　ともみ）

　弁護士（2011 年弁護士登録）

　あかねくさ法律事務所パートナー

　東京弁護士会新進会員活動委員会委員長、中小企業法律支援センター事業承継プロジェクトチーム座長などを歴任。

<著書>『事例式事業承継手続マニュアル』（新日本法規）など執筆多数

●事務所ホームページ：https://akanekusa.law/

〔執筆担当〕第1部第2章

秋山　高善（あきやま　たかよし）

税理士、共栄大学国際経営学部教授

現在、日本税務会計学会法律部門常任委員（東京税理士会）。

<著書>『Q＆A 国境を越える電子商取引等に関する消費税の実務』（日本加除出版）、『【完全版】消費税軽減税率・インボイス制度の実務』（法令出版）、『基礎から学ぶ現代税法〔第4版〕』（共著／財経詳報社）、『テキスト法人税法入門』（共著／中央経済社）他多数

〔執筆担当〕第2部第1・5章

永竿　敬子（ながさお　けいこ）

税理士

地方公務員、会計事務所を経て2011年税理士事務所を開業、現在に至る（東京税理士会麻布支部所属）。

東京簡易裁判所所属・民事調停委員。筑波大学大学院ビジネス科学研究科企業法学専攻修了。

〔執筆担当〕第2部第2章

滝口　利子（たきぐち　としこ）

税理士

現在、日本税務会計学会法律部門常任委員（東京税理士会）

東京税理士会日本橋支部相談役。

<著書>『事業承継対策の法務と税務』（共著／日本法令）、『通知・判例からみる　農地をめぐる実務』（共著／新日本法規出版）他

〔執筆担当〕第2部第3章

鈴木　修（すずき　おさむ）

　　税理士、高崎商科大学商学部・大学院商学研究科特任教授、（公財）公
　　益法人協会専門委員・主任研究員、日本税務会計学会会計部門常任委員
　　（東京税理士会）。

　　＜著書＞『法人税ハンドブック』（中央経済社）、『詳説 公益法人の税務』
　　　（共著／公益法人協会）、『テキスト法人税法入門』（共著／成文堂）、
　　　『DHC不動産税務釈義』（共著／第一法規）、『病院・医院経営管理質
　　　疑応答集―税・会計・財務編―』（共著／第一法規）他多数

　　〔執筆担当〕第2部第4章

かんけいしゃかんとりひき　ほうむ　ぜいむ
関係者間取引の法務と税務

2023年2月6日　発行

編著者　　タックス・ロー合同研究会 ©

発行者　　小泉 定裕

発行所　　株式会社 清文社

東京都文京区小石川1丁目3-25（小石川大国ビル）
〒112-0002　電話03(4332)1375　FAX 03(4332)1376
大阪市北区天神橋2丁目北2-6（大和南森町ビル）
〒530-0041　電話06(6135)4050　FAX 06(6135)4059
URL https://www.skattsei.co.jp/

印刷：亜細亜印刷㈱

ISBN978-4-433-71362-1